亦近，亦远

列维-斯特劳斯谈话录

De près et de loin
Claude Lévi-Strauss Didier Eribon

［法］克洛德·列维-斯特劳斯 /著
［法］迪迪埃·埃里蓬
汪沉沉 /译

图书在版编目（CIP）数据

亦近，亦远：列维-斯特劳斯谈话录 /（法）克洛德·列维-斯特劳斯，（法）迪迪埃·埃里蓬著；汪沉沉译. —— 深圳：海天出版社，2017.9
（大家译丛）
ISBN 978-7-5507-2044-2

Ⅰ. ①亦… Ⅱ. ①列… ②埃… ③汪… Ⅲ. ①列维-斯特劳斯(Lévi-Strauss, Claude 1908-2009)-访问记 Ⅳ. ①K835.655.1

中国版本图书馆CIP数据核字(2017)第165122号

版权登记号　图字：19-2016-021号

De près et de loin
Claude Lévi-Strauss
Didier Éribon
© ODILE JACOB, 1988
This Simplified Chinese edition is published by arrangement with Editions Odile Jacob, Paris, France, through Dakai Agency
Translation copyright © 2017 by Haitian Publishing House

亦近，亦远：列维-斯特劳斯谈话录
YIJIN, YIYUAN : LIEWEI-SITELAOSI TANHUALU

出品人	聂雄前
责任编辑	林凌珠　岑诗楠
责任校对	丁放鸣
责任技编	蔡梅琴
封面设计	知行格致

出版发行	海天出版社
地　　址	深圳市彩田南路海天综合大厦　（518033）
网　　址	www.htph.com.cn
订购电话	0755-83460239（批发）　83460397（邮购）
设计制作	深圳市龙瀚文化传播有限公司　0755-33133493
印　　刷	深圳市华信图文印务有限公司
开　　本	787mm×1092mm　1/16
印　　张	19.75
字　　数	180千
版　　次	2017年9月第1版
印　　次	2017年9月第1次
定　　价	48.00元

海天版图书版权所有，侵权必究。
海天版图书凡有印装质量问题，请随时同承印厂联系调换。

目 录

引 子 / 001

第一部分 堂吉诃德归来 / 005
第一章 从奥芬巴赫到马克思 / 006
第二章 实地考察的人类学家 / 033
第三章 在纽约流浪 / 045
第四章 回到旧大陆 / 081
第五章 数字"8"的奥秘 / 099
第六章 结构主义在巴黎 / 115
第七章 在法兰西学院的日子 / 127
第八章 绿 袍 / 138
第九章 "光阴如梭" / 151

第二部分 精神的法则 / 161
第十章 婚姻的法则 / 162
第十一章 感性的品质 / 178
第十二章 苏族人的哲学与科学 / 187

第十三章　在历史的垃圾桶里　　　　　/ 193
第十四章　追随掏鸟窝的人　　　　　　/ 203
第十五章　思维活动　　　　　　　　　/ 220

第三部分　多元文化，单一文化　　　/ 227
第十六章　种族与政治　　　　　　　　/ 228
第十七章　文　学　　　　　　　　　　/ 259
第十八章　绘画的内容　　　　　　　　/ 268
第十九章　乐与声　　　　　　　　　　/ 277

尾　声　　　　　　　　　　　　　　　/ 285

两年之后　　　　　　　　　　　　　　/ 289

译后记　　　　　　　　　　　　　　　/ 308

引 子

埃里蓬：您一直写日记、随笔，或《忧郁的热带》①里提到的"旅行手札"吗？

列维-斯特劳斯：远行的时候当然写，我记录了不少东西。《忧郁的热带》有几段就是原封不动地从旅行手札里拿过来的。

埃里蓬：但您写的日记并非马林诺夫斯基②所谓的"严格意义上的日记"③？

列维-斯特劳斯：我没那么关注自己的内心世界！

埃里蓬：我这么问是因为您在《忧郁的热带》里说自

---

① 《忧郁的热带》，克洛德·列维-斯特劳斯著，1955年普隆出版社出版。——原注
② 马林诺夫斯基（1884—1942），英国人类学家。（注：全书除有标注外，均为译注。）
③ 《人类学家日记》，布朗尼斯洛·马林诺夫斯基著，1985年瑟伊出版社出版。——原注

己非常健忘……

列维-斯特劳斯：我的记性不好，健忘，逐渐遗忘生活和工作中的事，回忆不起往事。

埃里蓬：为了弥补这个缺点，如果您认为这算缺点的话……

列维-斯特劳斯：……反正还挺影响日常生活的。

埃里蓬：……有没有考虑过把您生活中经历过的事都记录下来？

列维-斯特劳斯：从来没考虑过。或许是因为本能地不信任自己的存在与所为。

埃里蓬：不信任从何谈起？

列维-斯特劳斯：在《忧郁的热带》里我说过，我是思想上的"新石器"时代人。我不善于积累和利用所得的知识，而喜欢追逐不停拓展的边界。我只在乎当下的工作，而当下的工作很快就会失去意义。我既不喜欢也不愿意保留工作的痕迹。

埃里蓬：只在乎当下，在乎事件，这样的话出自您口中感觉和您的形象有些矛盾呢！

列维-斯特劳斯：主观上来讲是的，我只在乎当下。但工作中我会做卡片：事无巨细，什么都记下来，无论是灵光一现的想法，读书笔记，还是书的节选、摘录……想研究哪方面的问题就从柜子里拿出相关的卡片。排列当然有随机的成分，但我记性不好，全靠记录。

第一部分

堂吉诃德归来

第一章
从奥芬巴赫①到马克思

埃里蓬：您出生在布鲁塞尔，那是1908年。

列维-斯特劳斯：纯属偶然。我父亲是画家，主要画肖像。他年少时结交的几个比利时朋友给他介绍了客户，所以他就和年轻的妻子一起去了布鲁塞尔。我就是在父母旅居布鲁塞尔时出生的。我两个月大的时候，父母回到了巴黎。

埃里蓬：您的父母是巴黎人？

列维-斯特劳斯：我父亲是巴黎人。母亲出生在凡尔登②，在巴约纳③长大。

埃里蓬：您的童年是在巴黎度过的，没记错的话是在

---

① 雅克·奥芬巴赫（1819—1880），德籍法国作曲家，法国轻歌剧的奠基人和杰出代表。
② 凡尔登，法国东北部大东部大区默兹省的城市。
③ 巴约纳，法国西南部新阿基坦大区比利牛斯-大西洋省的城市。

第一章　从奥芬巴赫到马克思

巴黎十六区①。

列维−斯特劳斯：我以前住的那幢楼还在，地址是普桑街26号，离德欧特耶门不远。路过这条街时还能看到旧居的阳台，在5楼，我在那套公寓里度过了人生最初的二十年。

埃里蓬：现在，您还是住在十六区。您喜欢这片街区吗？

列维−斯特劳斯：小时候很喜欢，当时的十六区颇具田园风光。我记得在普桑街街角，拉封丹街斜对面，有片近似田地的园圃。雷努阿尔街俨然是乡村街景。而且当时那里有很多艺术家的工作室、卖古董的小店……现在的十六区挺没劲的。

埃里蓬：您的家人酷爱艺术？

列维−斯特劳斯：这得从我祖上说起！我的曾祖父，也就是我奶奶的父亲，名叫伊萨克·斯特劳斯。他1806年出生在斯特拉斯堡，像俗话说的那样，很早就来巴黎"漂"。他演奏小提琴，成立了一家小型管弦乐团。人们之所以熟知贝多芬、门德尔松和其他几位音乐家的作品，也有曾祖父的功劳。在巴黎，他和柏辽兹②合作过，后者还

---

① 巴黎十六区，位于巴黎西部、塞纳河右岸的富庶街区。
② 埃克托尔·路易·柏辽兹（1803—1869），法国作曲家，代表作《幻想交响曲》。

在回忆录里提到过我曾祖父；他还和奥芬巴赫合作，几首著名的四对舞曲就是他写的；我全家都对奥芬巴赫的作品熟稔于心，我就在这样的音乐熏陶下长大。

路易-菲利普①统治的晚年，曾祖父成为宫廷舞会管弦乐团的总指挥。在拿破仑三世②时代，他主办多年维希大赌场③的舞会。后来他接替缪萨④成为巴黎歌剧院舞会指挥。他也是个"邦斯舅舅⑤式"的古董爱好者，还做点古玩生意。

埃里蓬：您家人有没有留下他收藏的古玩？

列维-斯特劳斯：我们收藏了一批很有价值的犹太文物，现在在克鲁尼博物馆⑥展出。很多由他经手的文物被赞助商买下后捐赠给罗浮宫。他去世后留下的古玩一些被卖了，一些被他的几个女儿分了，剩下的战争期间被占领巴黎的德军抢走了。我留了几件小玩意，比如，拿破仑三世为了感谢曾祖母在维希的斯特劳斯别墅的热情款待赐给她

---

① 路易-菲利普，法国大革命后复辟王朝时的法国国王（1830—1848）。
② 拿破仑三世，拿破仑的侄子和继承人，1848—1852年成为法兰西第一共和国总统，1852—1870年成为法兰西第二帝国皇帝。
③ 维希大赌场，拿破仑三世每年都去维希度假，让这座小城声名大噪。每次他来时，维希大赌场都举办盛大的舞会。
④ 菲利普·缪萨（1792—1859），法国作曲家和指挥家。
⑤ 《邦斯舅舅》，巴尔扎克的小说，书中主人公心地善良，酷爱收藏艺术品，却不知道藏品价值。
⑥ 克鲁尼博物馆，位于巴黎的国立中世纪博物馆。

的手镯。拿破仑三世下榻的这座斯特劳斯别墅如今还在，成了酒吧还是餐馆，我记不清了，但名字没改。

埃里蓬：这段回忆是否在您的家族中流传下来？

列维-斯特劳斯：当然了，这是我们家族史里最辉煌的篇章：帝王近臣！曾祖父常和马蒂尔德公主见面。父亲的家族与第二帝国的回忆密不可分，而且和第二帝国的皇室走得很近：小时候，我亲眼见过欧仁妮皇后[①]。

埃里蓬：您刚才提到父亲是画家。

列维-斯特劳斯：是的，还有两个叔叔伯伯也是画家。爷爷原本家道殷实，去世时却穷困潦倒。以致他的一个儿子——爷爷有四个儿子、一个女儿，不得不小小年纪就去工作，养家糊口。

家人让我父亲去读高等商业学院。刚开始工作的时候，父亲在巴黎证券交易所做小职员。他在那里认识了康维勒[②]，两人成了好朋友。很快，他就转行做画家，父亲从小就热爱绘画。

说起来我父母还颇有渊源。在巴约纳，母亲的姐姐嫁给了名噪一时的画家亨利·伽罗-德勒瓦勒，妹妹嫁的也

[①] 欧仁妮皇后，拿破仑三世的妻子。
[②] 丹尼尔-亨利·康维勒（1884—1979），德国作家、收藏家、艺术品商，后入法籍。

是画家,叫加布里埃·罗比,他是巴斯克①人。罗比体弱多病,英年早逝,一辈子比我父亲还艰难。

我父母是因为家庭的缘故,还是因为同属画家的交际圈才相识的,我不记得了。不过母亲婚前就住在巴黎,有时住在姐姐和姐夫家。她学习了速记打字,想当秘书。

埃里蓬:您父亲画画的收入并不多。

列维-斯特劳斯:越赚越少,因为世人对绘画的品位变了。

埃里蓬:您童年的成长经历和巴黎资产阶级家庭的孩子并不一样?

列维-斯特劳斯:父母保留了资产阶级重视文化的传统,我是在画家圈里长大的,精神生活很富裕,但物质生活很贫瘠。

埃里蓬:能举个具体的例子吗?

列维-斯特劳斯:父亲有时候会突然焦虑,因为找不到客户。他手很巧,所以做各种副业。有段时间我们家还印过画布。先刻油布板,然后在板的凸面涂上胶水,把板印在天鹅绒布上,最后在布上撒彩色的金属粉末,粉末就能粘住。

---

① 比利牛斯山西侧,法国和西班牙边境的地区。

埃里蓬：您也参与吗？

列维-斯特劳斯：我还设计过印花的图案呢！过了段时间，我父亲开始做仿漆木的桌子，中式的。他还做过台灯，把廉价的日本浮世绘糊在玻璃上。为了生计父亲绞尽了脑汁。

埃里蓬：您有没有保留父亲的画作？

列维-斯特劳斯：很少，由于战时的掠夺，战后父母的财物所剩无几，连张床都没有……

埃里蓬：您说曾祖父收藏了很多犹太古董。您父母信教吗？

列维-斯特劳斯：他们是如假包换的无神论者。但我的外公是拉比①，成长环境不一样。

埃里蓬：您见过这位当拉比的外公吗？

列维-斯特劳斯：当然。整个"一战"期间我都住在外公家。母亲和她的姐妹带着孩子回到娘家，她们的丈夫都上前线了。

埃里蓬：撇开在外公家生活的经历，您的家庭教育是无神论，但犹太教对您的成长多少有些影响？

列维-斯特劳斯：家人中当然有信徒，我的奶奶就是

---

① 拉比，(古代犹太教的)法律博士。

位虔诚的教徒。父亲家族的血液中蛰伏着宗教狂热，时而作祟，酿成悲剧。我父亲的一个兄弟本来心智就不健全，又沉迷于《圣经》的释经学，最后自杀了，那时我才三岁。早在我出生前，我父亲的另一个兄弟和爷爷奶奶大吵一架后，为了报复他们去做了牧师。所以相当长一段时间内，我们家有位亲戚是基督教修道院院长，人称"列维院长"……我记得，他后来去了法国天然气公司当了个小职员，还是那么一本正经，留着金色的八字胡，一副自以为是的样子。

在我母亲的家族中，做拉比的外公信仰虔诚、为人低调，一丝不苟地履行犹太教的宗教仪式。我连续三四年和家人一起庆祝犹太教节日。外婆就不同了，连我妈妈和她的姐妹都不觉得她信教。在巴约纳，外婆把她的孩子都送到宗教学校，但只是因为宗教学校教育质量好。我大姨报考赛富尔①，好像还考上了，我记不清了；只记得那时候外省的主流社会觉得上赛富尔学校的女孩都不守妇道。可见我外婆身为拉比的妻子，还是很有远见的！

我父母虽然不信教，但成长过程中烙下了犹太教的印记。虽然不过犹太教节日，但不时提起。我在凡尔赛行了

---

① 法国女子高等师范学院，1881年成立，1985年与巴黎的高等师范学院合并；因为校址在法国陶瓷名镇赛富尔，俗称"赛富尔"。

犹太教的成人礼，但父母只解释说，这是为了哄外公高兴。

埃里蓬：您从未受宗教所困？

列维-斯特劳斯：如果所谓的宗教就是和自己的上帝交流的话，我从未受宗教所困。

埃里蓬："不信教"是否影响了您的思想发展历程？

列维-斯特劳斯：这我就不知道了。少年时代，我特别忍受不了宗教；今天，我研究过宗教史，还教授过这方面的课程——包括各路宗教，和十八九岁的时候相比，我更加敬畏宗教了。虽然我从未被宗教打动，但我越来越觉得，宇宙和人类在宇宙中的位置，远远超过人类可知的范围。有时我觉得，有宗教信仰的人远比钻牛角尖的理智主义者好相处，前者对神秘充满敬畏。在我看来，思想面对神秘永远是苍白的。科学不过是在有限的范围内不时提供些零碎的知识，能了解这些知识我们就应当知足了，更何况追随科学的进步最能激发人斗志、丰富人心智——作为无神论者追随科学；我们也不能忘记，科学进步会带来新的难题，探索的历程永无止境。

埃里蓬：整个"一战"期间，您都住在凡尔赛的外公家？

列维-斯特劳斯：是的，从1914年到1918年。我是在凡尔赛上的学：先上社区学校，然后去了奥什中学。回到巴黎后，我进了詹森萨伊中学①，读六年级。

埃里蓬：战时您吃过苦吗？

列维-斯特劳斯：没有。我父亲身体不好，应征入伍做后勤服务，在凡尔赛的军事医院当护士。亲人中只有一人死于战场，是位远房表哥，比我年纪大很多，法国高等师范学校毕业的精英。莫里斯·巴勒斯在《法国家庭的精神生活》一书中收录并评论了他的信件。②

埃里蓬："一战"结束后，您上了詹森萨伊中学。

列维-斯特劳斯：是的，一直到高中会考。

埃里蓬：有没有对您影响特别大的老师？

列维-斯特劳斯：没有。我多少还算喜欢他们，但没有哪个老师算得上是我的精神之父。

埃里蓬：那您接触马克思思想并不是受中学老师的影响？

列维-斯特劳斯：我说过，父亲有朋友在比利时，他们全家都是他的密友，我们两家人每年都一起度假。有年

---

① 奥什与詹森萨伊中学均为巴黎名校。
② 莫里斯·巴勒斯（1862—1923），法国作家，宣传法兰西民族主义，主要作品有《法国家庭的精神生活》，收入法国不同信仰家庭的信笺，呼吁法国人摒弃宗教差异，团结一致。

第一章 从奥芬巴赫到马克思

夏天,他们还邀请了另一批朋友,比利时有名的社会主义政治人物。有些作者的作品在中学里接触不到,比如马克思、蒲鲁东①等,我就问了他。他让我读了他们的书。

埃里蓬: 当时您几岁?

列维-斯特劳斯: 十六岁。我一下子就被马克思的作品所吸引。

埃里蓬: 您读的第一本马克思著作是什么?

列维-斯特劳斯: 记不清了,但我很快就开始读《资本论》了。

埃里蓬: 您真是迎难而上啊!

列维-斯特劳斯: 这书我读得一知半解。通过马克思的著作,我也接触到了其他思想家的学说,如康德、黑格尔……

埃里蓬: 或许是因为读了马克思,您才选择学习哲学。

列维-斯特劳斯: 我说不上来。总之,刚开始学哲学时,我学得很吃力,学年过了一半我才真正入门。

埃里蓬: 您的哲学老师是哪个流派的?

列维-斯特劳斯: 他喜欢伯格森。社会主义和伯格森。

埃里蓬: 您呢,您喜欢伯格森吗?

---

① 皮埃尔-约瑟夫·蒲鲁东(1809—1865),法国经济学家,无政府主义奠基人之一,主张"财产就是犯罪"。

列维–斯特劳斯：不喜欢，甚至可以说讨厌伯格森，因为他太注重表象和当下的知觉……后来我才真正懂他，在《当代图腾制》①里向他致敬。

埃里蓬：您是在比利时朋友的影响下成为马克思主义者的，您甚至还大力宣传马克思主义。

列维–斯特劳斯：是他让我信仰马克思主义，还是我自己投入了马克思主义的怀抱？我说不上来，但确实受他的影响，我成了比利时工人党的预备党员。我写的第一本书就是比利时工人党出版社出版的，题目是《白玫瑰：格拉克斯·巴贝夫手册》②。不过现在我宁可这本书被人遗忘。我在法国社会党里也很活跃，当时法国社会党还叫 SFIO③。

埃里蓬：您家人是什么政治立场？

列维–斯特劳斯：我家人不参政。母亲家，也就是凡尔赛的拉比外公一家，对政治漠不关心。父亲家是败落的资产阶级，思想比较保守。只有在德雷福斯事件④中，我父亲

---

① 《当代图腾制》，克洛德·列维–斯特劳斯著，1962年法国大学出版社出版。——原注
② 白玫瑰曾是社会党人和共产党人的象征。格拉克斯·巴贝夫（1760—1797）是法国记者，大革命期间活跃于法国政坛。
③ SFIO，国际工人运动法国分部。
④ 德雷福斯事件，十九世纪末法国的政治事件，1894年犹太裔军官德雷福斯被误判为叛国，1906年得到平反。

和叔叔伯伯才关心过政治，那时候他们都还很年轻。他们回忆起当时参加的声援德雷福斯的游行，连饶勒斯①都来发表演讲。游行结束时，父亲和叔伯去向饶勒斯道谢，他毫不含糊地回答说："我希望你们记住这次游行。"饶勒斯的言下之意是："别看你们现在加入，很快就会远离社会主义运动的。"他真是未卜先知。

埃里蓬： 您本人热心地参加过社会主义政治活动。

列维–斯特劳斯： 我曾担任"法国五大高等师范学院社会党学生会"的书记，尽管我并没有上高师，我甚至还当过"社会党学生联盟"秘书长。

埃里蓬： 那时一起参加学生运动的朋友现在还有联系吗？

列维–斯特劳斯： 那时和我最亲密的朋友都去世了：皮埃尔·博文，还有后来的乔治·勒弗朗，我和他们后来就不联系了。当时我和马塞尔·德亚②也很熟。

埃里蓬： 你们关系特别好吗？

列维–斯特劳斯： 这倒说不上。我通过教师资格考试的前几年，为了赚钱，我给一个社会党议员当秘书，在那里认识了他，当时他还叫乔治·莫奈。我常去议会，那时候

---

① 让·饶勒斯（1859—1914），法国和国际社会主义运动人士。
② 马塞尔·德亚（1894—1955），法国政治家，社会主义运动人士。

马塞尔·德亚是社会党的书记。

埃里蓬: 哪一年?

列维-斯特劳斯: 1928年到1930年。参加教师资格考试那年,我因为太忙就辞职了。

埃里蓬: 接着谈谈您求学的经历。您读完哲学预备班后就离开了詹森萨伊中学,去别处学习哲学。

列维-斯特劳斯: 因为我当时不知道自己还能干嘛。

埃里蓬: 所以当时选择哲学完全是被动的?

列维-斯特劳斯: 是的。从詹森萨伊中学毕业后,我先去孔多赛①读文学预备班。古希腊语和数学都太难了,我不得不在二者之间做出选择,然后我又学了法律。

埃里蓬: 在孔多赛中学读文学预备班时,您的哲学老师是谁?

列维-斯特劳斯: 安德烈·克雷松。当我决定放弃文学预备班时,他对我说:"你不适合读哲学,不如选择和哲学相关的学科。"他建议我学法律,最终我成了人类学家,但我觉得他的眼光不错。

埃里蓬: 您在哪里学的法律?

列维-斯特劳斯: 巴黎的法学院,在先贤祠广场边上,

---

① 孔多赛,著名中学,位于巴黎九区。马奎斯·孔多塞(1743—1794)是法国数学家和哲学家,启蒙运动的代表人物。

现在是好几所名字里有"索邦"的大学之一，好像是巴黎一大。

埃里蓬：您学了多久的法律？

列维-斯特劳斯：读完了本科。同时我还读了哲学的本科。

埃里蓬：在哪里？

列维-斯特劳斯：索邦。

埃里蓬：您同时学习哲学和法律？

列维-斯特劳斯：那会儿法学院的学生经常翘课。课程内容我们主要靠笔记咨询。学法律很没劲，所以我退而求其次，学了哲学。所以说，我当时的选择都是被动的。

埃里蓬：索邦的哲学教授里有哪位对您影响很深吗？

列维-斯特劳斯：恐怕又得回答"没有"了。这不是他们的缘故，主要是我的缘故。我听过布鲁士维格[①]的课，但完全听不懂。

埃里蓬：他的课您上了多久？

列维-斯特劳斯：好几年，直到参加教师资格考试前一直听他的课。

埃里蓬：一直听不懂吗？

[①] 雷昂·布鲁士维格（1869—1944），法国哲学家，主要研究柏拉图的思想。

列维–斯特劳斯： 从没觉得自己听懂过！古希腊哲学方向，我还听了艾伯特·立维、让·拉波特、路易·布雷耶、雷昂·罗宾的课；社会学我听了福柯奈和布格莱的课；科学史我听的是阿贝乐·雷的课……其实说白了，我上课的时候像僵尸一样麻木，始终有种心不在焉的感觉。

举个例子说明我对学业有多无所谓：教师资格考试公布的那天，我去了家卖占星术的书店买了本这方面的书。这倒不是因为我信占星术，而是出于叛逆精神，为了证明我并没有丧失独立思考的精神。

埃里蓬： 您并没有特别投入地学习？

列维–斯特劳斯： 一点都不投入。我很热心政治，喜欢思考政治。我怎么通过教师资格考试的？这是个谜。说到底，我不费吹灰之力就通过了考试，而且一次通过，还考了第三名。真是个奇迹，我总结了两个原因：一是有个很聪明的同学一直辅导我，他是狂热的天主教徒，说不定辅导我是为了让我信教。希腊哲学是他的强项，所以我的希腊哲学是靠他辅导的。我后来和他断了联系，我欠他很多；第二个原因有点滑稽。我家人有个好朋友是医生，给了我一罐药——可能是吗啡，也可能是可卡因？他告诉我上课前喝会精神百倍。在教师资格考试开始前，考生得在索邦的图书馆复习七个小时。我迫不及待地把罐子里的药兑水喝了,结果一喝就病了,备考的几小时里在两张椅子上躺着坐不起来。整整七个小时,我都像晕船一样难受!而且我抽的考题是我最不拿手的:"应用心理学真的存在吗?"评审中有亨利·瓦隆①,这样的题肯定是他出的。我面试的时候完全不在状态,什么都没准备,上的演示课完全靠临场发挥,我记得讲到了斯宾诺莎,评审觉得精彩极了。或许真得归功于考前喝的那罐药……

埃里蓬: 那年有多少人报名教师资格考试?

列维-斯特劳斯: 考了第一名的是费迪南·阿勒基②,录取的人里还有西蒙娜·薇依③。

埃里蓬: 您那时和她很熟吗?

列维-斯特劳斯: 熟倒谈不上。我们常在索邦的走廊上聊天。她看问题很绝对,让我感到不舒服。对她来说,万事非黑即白。

后来我又在美国碰到了她。她在美国待了一段时间后去了英国,在英国去世。是她约我在一幢大楼——哥伦比亚大学的图书馆,人称"Public Library"前见面,还是我俩在那里偶遇,我不记得了。我们坐在台阶上聊天。和

---

① 亨利·瓦隆(1879—1962),法国心理学家、医生、政治家。
② 费迪南·阿勒基(1906—1985),法国作家、哲学家。
③ 西蒙娜·薇依(1909—1943),法国女律师、政治家。

我同一时代的知识女性很多都过于激进，她也是如此。西蒙娜·薇依就是过于严谨了，到了自我毁灭的地步。

埃里蓬： 西蒙娜·德·波伏瓦和莫里斯·梅洛–庞蒂[①]和您一起参加了教师资格考试实习。

列维–斯特劳斯： 那时候参加教师资格考试前必须得实习，实习时间是三周。我碰巧被分配到詹森萨伊中学，遇见了以前的老师，还有波伏瓦和梅洛–庞蒂。我们轮流给学生上课。

埃里蓬： 您和他俩是第一次见面吗？

列维–斯特劳斯： 是的，实习结束后我们就断了音讯，好几年都没联系。

埃里蓬： 波伏瓦在回忆录里提到了这段经历。她是这么形容您的："他喜怒不形于色，让我感到害怕。不过他隐藏自己的情绪非常巧妙，有时我会觉得他特别滑稽，比如他板着脸，用平静的语调给学生讲狂热的感情……"[②]

列维–斯特劳斯： 我完全没印象。

埃里蓬： 您和她关系好吗？

列维–斯特劳斯： 好像还不错。我记得那时的波伏瓦：

[①] 莫里斯·梅洛–庞蒂（1908—1961），法国现象学哲学家。
[②] 《端方淑女》第411页，西蒙娜·德·波伏瓦著，1972年伽利玛出版社出版。——原注

非常年轻，面色红润，像个乡下姑娘。她让我想到红苹果。

埃里蓬：梅洛-庞蒂呢？

列维-斯特劳斯：后来我和他往来甚多，忘了初始的情形。

埃里蓬：回想起来，三人在实习时相遇的情景是否很奇特，预示着什么？

列维-斯特劳斯：过去太久了，好像是上辈子的事了。

埃里蓬：您和波伏瓦从没成为密友？

列维-斯特劳斯：没有，但并不是因为我们之间有敌意。

埃里蓬：那是因为话不投机吗？

列维-斯特劳斯：这倒也不是。她和萨特很快出名了，在学术界地位比我高。他俩不好亲近，我对他们来说也没什么用。1949年，我记得好像是玛格丽特·米德①来巴黎时，我做了件冒险的事，同时邀请了美国学术界的"第一夫人"和法国学术界的"第一夫人"。我办了一次向她俩致敬的接风会，结果两人始终没讲上一句话！

埃里蓬：或许是因为两人语言不通？

列维-斯特劳斯：可能吧，她俩待在房间不同的角落，

---

① 玛格丽特·米德（1901—1978），美国人类学家。

被各自的仰慕者围绕。

埃里蓬：您和她一起参加了实习，她1929年就通过了考试，如果她的回忆录里写的属实的话，您1931年才通过考试。

列维–斯特劳斯：我读了法律本科，比别的专业的人晚一年毕业。而且我还打工，给家人减轻经济压力。不管怎么说，我没满二十三岁就通过了教师资格考试。

看到考试成绩后，我跳上出租车，向父母通报好消息，但当时我家里气氛很沉重。父亲最后一个还在世的兄弟在我家。他炒股发了大财，一直接济奶奶和我父母。那天他去我家是为了告诉我父母，他在经济危机中破产了。我当时就想，我要开始上班了，此后我一直为怎么赚钱供养父母而操心。

埃里蓬：通过教师资格考试后，您被派到蒙德马桑[①]任教。

列维–斯特劳斯：没那么快。我先服了兵役，在斯特拉斯堡待了四个月，然后在政界的朋友帮助下，被派到战争部[②]。和我一起派过去的还有保罗·加登[③]。

[①] 蒙德马桑，法国新阿基坦大区朗德省省会。
[②] 国防部的旧称。
[③] 保罗·加登（1907—1956），法国作家。

埃里蓬： 您和他关系好吗？

列维-斯特劳斯： 不好，他很有礼貌，比较内敛，但不太会变通。

埃里蓬： 你们在战争部做哪些工作？

列维-斯特劳斯： 我们在新闻部门工作：我们读报纸，读到对战争部有用的内容就剪下来。战争部办公室还把他们认为不重要的信件交给我们处理。

埃里蓬： 那时候您不再积极投身政治运动？

列维-斯特劳斯： 不再积极。我要是有明确的政治倾向，就不会被招到战争部。如果我们在走廊里碰到魏刚①将军不敬礼，马上就会被开除，送回兵营了。

埃里蓬： 这段经历给您留下了什么印象？

列维-斯特劳斯： 我对斯特拉斯堡的印象还不错。我是二等兵，认识了些有趣的人。我和他们情同兄弟，他们经常给我吃的。派回巴黎后，工作量很少。只要有一个人认真工作，剩下的人就可以忙自己的事了。

埃里蓬： 服完兵役后，您被派到蒙德马桑的高中任教。

列维-斯特劳斯： 当时我可以选择去奥比松②或蒙德马

---

① 马克西姆·魏刚（1867—1965），法国将军，曾任法军总司令，战后因与德国人合作被起诉。
② 奥比松，法国新阿基坦大区克勒兹省的市镇。

桑。我选了蒙德马桑。这是我的第一个教职，我还在那里度了蜜月。我在赴任前一天结的婚。

埃里蓬：您在那里安顿了下来。

列维-斯特劳斯：我到学校报到是1932年10月1日。很快，我就投身于当地政坛。我在地方选举中竞选，不过很快就退出，因为我出了车祸。那时我无证驾驶。车是我的发小、社会党的同志皮埃尔·德雷福斯买的，是辆五马力的雪铁龙。后来他成了雷诺集团的董事长，又成了弗朗索瓦·密特朗①的工业部长。他把车开到蒙德马桑，我俩一起开车为竞选造势。才一小时，我就把车开进了坑里。这是我竞选的第一天，也是最后一天。

埃里蓬：您教书的这一年过得怎么样？

列维-斯特劳斯：很不错。这是我任教的第一年，感觉很有意思。

埃里蓬：您的政治立场是否会影响您的教学内容？

列维-斯特劳斯：不会，完全不会！在教学中，我完全是中立的。在我看来，政治和教学完全是两码事。我并不想影响学生的政治立场，严格地遵守教学大纲。

埃里蓬：您还记得在朗德省度过的日子吗？

---

① 弗朗索瓦·密特朗（1916—1996），法国左翼政治家，1981—1995年担任法国总统，是第五共和国第一位社会党出身的总统。

列维–斯特劳斯： 印象最深的是参加当地的社会党活动，对于高中的印象没那么深刻。社会党开完会后，往往要大吃一顿，这是我印象最深的。我入选学院的时候又记起了别的事。《朗德小报》采访了我以前的学生，问他们对我有什么印象，发表了访谈。一些学生给我写了信。

埃里蓬： 您在蒙德马桑只待了一年？

列维–斯特劳斯： 我又被派到拉昂①。我的妻子也通过了教师资格考试，被派到亚眠②。我们住在我父母家，也就是普桑街，想办法把各自的课程都安排在一周相同的几天。

埃里蓬： 您开始厌倦教书了吗？

列维–斯特劳斯： 第二年的确感觉腻了，更主要的是，我想走一走，看看世界。

埃里蓬： 在拉昂您也从政吗？

列维–斯特劳斯： 我主要参加巴黎的政治活动，而不是拉昂的活动。我不喜欢在拉昂逗留，虽然那座质朴无华的小城颇有几分魅力，比如当地的大教堂，看上去粗壮敦实，挺吸引人的。

埃里蓬： 您在拉昂像在蒙德马桑一样，也只待了一年？

列维–斯特劳斯： 一年零几个月。1935年初我就去了

---

① 拉昂，上法兰西大区埃纳省省会。
② 亚眠，上法兰西大区索姆省省会。

巴西。

埃里蓬：在《忧郁的热带》中，您记叙了出发去巴西的情景……

列维-斯特劳斯：是的。赛林斯丁·布格莱介绍我去乔治·杜马①那里，我在圣安娜念书时就认识乔治·杜马。他正在召集大学支教团，把我也招进来了。

埃里蓬：您和布格莱一直有联系吗？

列维-斯特劳斯：他是我大学时代的论文指导老师……

埃里蓬：论文的主题是？

列维-斯特劳斯：我记得题目好像是《历史唯物主义的哲学公社》。我从哲学角度探讨了马克思的思想。

埃里蓬：主题是您自己选的吗？

列维-斯特劳斯：当然了。

埃里蓬：当时毕业论文写马克思的学生多吗？

列维-斯特劳斯：很少，马克思让我发现了新世界，让我激动不已。

埃里蓬：所以您决定论文写马克思？

列维-斯特劳斯：我承认，那时候我以为自己将来会成为社会党的哲学家。

---

① 乔治·杜马（1866—1946），法国医生、心理学家。

埃里蓬： 回想起当时的心路历程，您是否会觉得好笑？

列维-斯特劳斯： 不会，回想起来我并不觉得讽刺。当时的社会党非常活跃，我在社会党如鱼得水。我很想在笛卡儿、莱布尼茨、康德创造的伟大哲学传统和以马克思为代表的政治思想之间融会贯通，这想法很吸引我。即使是今天，我也能理解为什么当时我有这样的梦想。

埃里蓬： 布格莱毫不犹豫地接受了您的论文主题？

列维-斯特劳斯： 是的，但他也提出了条件。除了写论文以外，我还要通过口试，题目由老师指定。布格莱选择了关于圣西蒙主义的问题，和我感兴趣的哲学思想相近，但布格莱稍微改动了主题，更符合他的口味。

埃里蓬： 为什么请布格莱做您的导师？

列维-斯特劳斯： 那时候他是唯一能接受这类主题的导师。当然还有福科内，但他走的是涂尔干①那条路，而我并不喜欢涂尔干。当时布格莱是高师的校长，有点看不起非高师出身的学生。不过他还是同意指导我的论文。所以您能理解，为什么我通过教师资格考试后，告诉他我想去国外看看。

---

① 埃米尔·涂尔干（1858—1917），法国社会学家、人类学家，被誉为"社会学三大奠基人"之一。

埃里蓬： 因为布格莱当时在凯道赛①任职吗？

列维-斯特劳斯： 不是，因为他算得上是所有年轻社会学家的保护人。

埃里蓬： 您当时想成为社会学家？

列维-斯特劳斯： 我立志成为人类学家，而且当时社会学和人类学的分野没那么清晰。

埃里蓬： 那时通过哲学教师资格考试的人是否经常选择其他学科，即今天统称"人文科学"的学科，"二战"后这种情况变得很常见？

列维-斯特劳斯： 当时这种现象刚刚萌芽，并不普遍。

埃里蓬： 您为什么立志成为人类学家？

列维-斯特劳斯： 受各种情势影响。从孩提时代起，我就喜欢海外的新奇物件，我的零花钱都用到跳蚤市场里了。

再加上1930年，年轻的哲学家刚开始接触人类学学科，当时人类学还没有成为独门独户的学科。法国大学里没有人类学教授，但法国已经成立了人类学研究所，位于夏乐宫的人类学博物馆更名为"人类博物馆"。从这个角度来看，人类学正在进步。雅克·苏斯特勒②开创了通过哲学教师资格考试后专修人类学的先例。

---

① 凯道赛，法国外交部所在地，并专指法国外交部。
② 雅克·苏斯特勒（1912—1990），法国政治家、人类学家。

在此基础上，我读了一两本英语的人类学著作，比如罗伯特·罗伊①的《原始社会》，我一下子就喜欢上了人类学，因为人类学家不仅要钻研理论，还要实地考察。我终于找到了既能学以致用，又能探索远方的折中之路。童年和少年时代，我常在法国乡村做"探险"游戏，连巴黎郊区都是我冒险的舞台。

最后一点，和我在家庭聚会上有过两三面之缘的保尔·尼赞②（他娶了我的表亲）告诉我，他也很喜欢人类学。这让我更有信心了。

埃里蓬：他人怎么样？

列维-斯特劳斯：印象中他有些冷淡，婚后不得不时常和资产阶级打交道，总是很矜持。当然，我读了他的《雅登·阿拉比》后也很喜欢。

埃里蓬：您读过他的其他著作吗？

列维-斯特劳斯：读过，后来又读了《安托万·卜罗亚》《看门狗》③……

埃里蓬：《看门狗》这样的书一定会给年轻的哲学家

---

① 罗伯特·罗伊（1883—1957），美国人类学家，主要研究北美印第安人。
② 保尔·尼赞（1905—1940），法国哲学家、小说家、记者，代表作《雅登·阿拉比》。
③ 《看门狗》，尼赞的散文集，书中批判了伯格森、布鲁士维格等著名哲学家。

留下深刻的印象吧？您是否被这本书所影响？

列维-斯特劳斯：作者从马克思主义思想出发，批判了主流哲学界，这让我印象深刻。但他激烈抨击的哲学家恰恰是我尊重的大师。我和他上大学只间隔了几年，教我们的是同一批老师。但我很尊重布鲁士维格、拉波特、罗宾……

埃里蓬：为什么您跟尼赞没有深交？你们两位有很多共同点。

列维-斯特劳斯：他比我年纪大，不好相处。而且不管是和他在一起还是和别人在一起，我都觉得自己水平没有对方高。举个例子，我从来没有胆量去法兰西学院①听课。在我看来，法兰西学院太高深，去听课的人水平都在我之上。

---

① 法兰西学院，创办于1530年，系法国历史最悠久、学科最齐全的著名高等讲学学府，其教授由国家元首任命。

第二章
实地考察的人类学家

埃里蓬：1935年2月，您在马赛上了船。目的地是圣保罗。通过乔治·杜马的引荐，您获得了圣保罗大学的教职。那位著名的心理学家和巴西有什么渊源？

列维-斯特劳斯：从孔德①时代起，巴西就深受法国的影响，教育程度高的巴西人都会说法语。乔治·杜马去过巴西很多次，结交了当地尤其是圣保罗的贵族。巴西人想在圣保罗建大学时，自然就找到他推荐大学教授。

埃里蓬：圣保罗大学是什么时候创立的？

列维-斯特劳斯：我到巴西的前一年，我是第二批从法国去巴西的大学教授。

埃里蓬：除了法国人外，还有其他国家的支教团吗？

---

① 奥古斯特·孔德（1798—1857），法国哲学家、社会学，实证主义的创始人。

列维-斯特劳斯：有个意大利的支教团，翁加雷蒂①也在其中。来圣保罗的意大利人很多，占了全城人口的近半数。还有几个德国教授，但他们是自愿来的，不是国家派的，当时的德国是希特勒掌权。

埃里蓬：您到了圣保罗后，感觉大学氛围如何？

列维-斯特劳斯：圣保罗大学是由大资产阶级创立的，而那时圣保罗地方政府和巴西联邦政府的矛盾一触即发，圣保罗差点就独立了。圣保罗人觉得巴西全国都在殖民主义的迷梦中沉睡，只有圣保罗展翅奋起。当地的大资产阶级和贵族之所以办大学，也是为了让圣保罗的年轻人拥有和欧洲的年轻人同样的文化素养。

但奇怪的是，学生几乎都出身贫寒，当地精英和老百姓差距很大，老百姓生活贫穷、思想保守。圣保罗大学的学生多是已经参加工作的青年男女，不信任创办学校的大资产阶级，就连我们大学教授也分为两派。学生觉得我们教授矫揉造作，有时还觉得我们是为统治阶级服务的。

埃里蓬：但您并不是"资产阶级的看门狗"？

列维-斯特劳斯：不是，但我们也得当心，别被人当作是"资产阶级的看门狗"。

---

① 朱塞培·翁加雷蒂（1888—1970），意大利现代主义诗人、记者。

埃里蓬： 课堂氛围如何？

列维-斯特劳斯： 学生们求知若渴，而且从某种程度上说，他们比我们更好学，因为他们完全是自学成才，连二手或三手的著作都看得很仔细。作为教授，我们并不是来传授知识的，而是教会他们做学问的办法。

埃里蓬： 圣保罗大学在哪里？

列维-斯特劳斯： 在市中心，学校坐落在弥漫着殖民风情的旧式建筑里。今天的圣保罗大学扩建后面积很大，校园光秃秃的，建筑风格像居榭[①]或南泰尔[②]。

埃里蓬： 您当时教多少学生？

列维-斯特劳斯： 几十个吧。

埃里蓬： 已经很多了。

列维-斯特劳斯： 是的！圣保罗所有的年轻人，至少有钱上大学的年轻人都来了。教法国文学的同事学生更多，因为附庸风雅的人都来听课。

埃里蓬： 您本人教的是社会学吗？

列维-斯特劳斯： 讲席的名称是的。

埃里蓬： 既然当时社会学和人类学的分野不清晰，您为什么不教人类学呢？

[①] 居榭，指巴黎六大。
[②] 南泰尔，指巴黎十大。

列维-斯特劳斯：别忘了巴西资产阶级也是书香门第，可以追溯到孔德时代。孔德的思想深刻地影响了十九世纪的巴西，以至于巴西国旗上都写着孔德的箴言"秩序与进步"。

埃里蓬：您在巴西的时候还能感受到奥古斯特·孔德的影响吗？

列维-斯特劳斯：当时的巴西，实证主义很活跃。但有教养的巴西人已经超越了孔德，改读涂尔干，因为他们认为涂尔干代表了更现代的实证主义，所以他们感兴趣的是社会学。

埃里蓬：对您来说，这样的情况多少有些不利吧？

列维-斯特劳斯：我去巴西是为了成为人类学家。当初之所以选择人类学也是因为我不喜欢涂尔干，他不擅于实地考察，但我喜欢英美著作中描述的需要实地考察的人类学，所以我当时的处境很尴尬。我之所以被选中来教书是因为校方一方面想弘扬法国文化，一方面想继续孔德——涂尔干开创的学术传统。但我来到巴西时，心里想的是英美学派的人类学，所以碰到不少困难。

埃里蓬：什么样的困难？

列维-斯特劳斯：从大学创办第一年起，乔治·杜马就安排了一位年轻的社会学家教书。我到了圣保罗，教的也是社会学,这位社会学教授说白了就是把我看作他的下属。我不喜欢被人当作下属,所以我表示抗议,他想尽办法开除我,理由是他从我的讲课里看出我不喜欢孔德,而他自己又是孔德专家。学校的所有人,还有当地著名的报纸《圣保罗州报》都很愿意听他的话。我没被开除要感谢当时的同事,今天他们已经不在人世了:皮埃尔·蒙贝格和当时已经颇有声望的费迪南·布罗代尔[1]。1985年,布罗代尔入选法兰西学术院,我发表演讲[2]时再次向他表示感谢。

埃里蓬: 您留在巴西,没有马上出发考察印第安人?

列维-斯特劳斯: 第一个学年结束时我就出发了。我和妻子没有回法国,而是去了有卡杜维奥和波洛洛部落[3]的马托格罗索州[4]。事实上,在这之前我就和学生一起研究过人类学:以圣保罗为研究对象,收集圣保罗一带的民俗,这是我妻子的强项。

---

[1] 费迪南·布罗代尔(1902—1985),法国年鉴学派史学家。
[2] 克洛德·列维-斯特劳斯的演讲,见《费迪南·布罗代尔入选法兰西学术院仪式及莫里斯·德吕翁问答》第91—99页,1985年奥尔多出版社出版。——原注
[3] 波洛洛部落,读者可参阅《忧郁的热带》了解列维-斯特劳斯考察印第安部落的经历。——原注
[4] 格罗索州,位于巴西西部。

埃里蓬：当时的研究工作有留下什么记录吗？

列维-斯特劳斯：我让学生做了调查，或许他们手里还留着。几天前，我看了当时在乡村酒宴上拍摄的纪录片，让我感到有些惊讶。巴西人在宝布尔①播放了这部纪录片，还有我在卡杜维奥和波洛洛拍的片子。

埃里蓬：第一次实地考察给您留下了什么印象？

列维-斯特劳斯：我一直处在思维高度活跃、极度兴奋的状态，仿佛觉得自己是十六世纪的大探险家。我发现了自己的新大陆。一切都让我着迷：风景、动物、植物……

埃里蓬：实地考察了几个月后您又教了一年的书……

列维-斯特劳斯：……第二年暑假我们回到了法国。是1936年至1937年，巴西的夏季是法国的冬季。

埃里蓬：回国期间您第一次举办了展览，地点是人类博物馆？

列维-斯特劳斯：不能说是在人类博物馆办的，那时特罗卡德罗的旧场馆还在翻新，为了准备1937年的展览，现场就是一片工地。乔治-亨利·利威尔②，租到了佛布宝-圣奥诺里街和柏爱提街交界处的威尔登斯坦画廊的场地。

---

① 指蓬皮杜中心，坐落在巴黎宝布尔街。
② 乔治-亨利·利威尔（1897—1985），法国博物馆学家，创办了法国国家民俗艺术博物馆。

第二章 实地考察的人类学家

我和他当时还是第一次见面。

埃里蓬：您和妻子带回来哪些宝贝？

列维-斯特劳斯：很有人类学价值的藏品——现在有了比较之后我这么说更有底气了。我们从卡杜维奥人手里拿的有装饰的瓷器、画着奇特图案的兽皮，这都是美洲独有的。从波洛洛人手里，我们拿到的主要是羽毛、动物的牙齿和指甲做的物件。波洛洛人把打猎的武器和日常用具都装饰得五颜六色，有几件藏品颇为壮观。

埃里蓬：展览的反响如何？

列维-斯特劳斯：还不错，我觉得展览还是引起了关注的。

埃里蓬：您从此和乔治-亨利·利威尔成了朋友？

列维-斯特劳斯：那时还没有。假期结束后我就回到了巴西，回法国定居后，又有征兵、打仗……我又起身去了美国。我和利威尔开始深交是在1949年或是1950年。

埃里蓬：1936年到1937年冬季在法国度完假后，您回到巴西，但没有回大学教书？

列维-斯特劳斯：我要证明自己作为人类学家的价值，毕竟我没有接受过这方面的教育。我凭借1936年的展览获得了人类和科研博物馆的贷款——这家机构是人类博物馆的前身。有了这笔钱后，我就动身去考察南比克瓦拉人。

埃里蓬：考察了一年多。

列维-斯特劳斯：我1939年初才回法国。

埃里蓬：这样的考察需要强健的身体和巨大的勇气。在《忧郁的热带》中，您说自己曾经吃过各种苦，穿越大河、坐独木舟……

列维-斯特劳斯：年轻的时候，这算不上什么。

埃里蓬：但我读您的著作，感觉您格外有毅力。

列维-斯特劳斯：我不觉得，但我的确从来没在考察的时候生过病。由于缺乏想象力，我被保护得很好，一生中都如此。

埃里蓬：您不怕危险？

列维-斯特劳斯：正是如此。

埃里蓬：但有些时候，您似乎很害怕。

列维-斯特劳斯：都是事后感到害怕，当时并没意识到危险。总之，别夸大考察的危险，我从没冒过生命的危险。

埃里蓬：您刚才说，在巴西认识了费迪南·布罗代尔。

列维-斯特劳斯：是的，他比我晚来巴西一年。

埃里蓬：他一来你们就认识了？

列维-斯特劳斯： 当然了，法国来的教授有自己的小团体。

埃里蓬： 相识的情景如何？

列维-斯特劳斯： 布罗代尔很自信，因为他比我年长，而且在学术界已经颇有地位。

埃里蓬： 但那时他还没有出名吧？

列维-斯特劳斯： 就快出名了，我们都认为他非常适合做大学教授。他年长，无论是学术事业还是论文都做得比我们好一些。他的博士论文还没写完，但带来了资料。在租到房子前，他还在宾馆专门订了间房放自己的论文资料！

埃里蓬： 他为什么要来巴西？

列维-斯特劳斯： 我觉得，他既然研究地中海和伊比利亚文化圈，来看看拉美也不无裨益，毕竟当时的拉美相当于西班牙的省份。

埃里蓬： 您和他好像从来没有成为至交？

列维-斯特劳斯： 他有点恃才傲物，但像我刚才说的那样，我碰到麻烦的时候，他不遗余力地帮助我。

埃里蓬： 你们会讨论各自的学术研究吗？

列维-斯特劳斯： 刚才说过，法国教授形成了自己的小团体，可是并不团结。我们都要么觉得自己在巴西做出了一番事业，要么自叹一无所成。所以每个人都有自己的小圈子，排斥圈外的人，而且都觉得自己的圈子高人一等。法国人就是这样，学术界就是这样，在巴西这样的热带国家还保留这样的风气，实在是有点可笑，不太健康。

埃里蓬：那您和翁加雷蒂熟吗？

列维-斯特劳斯：算不上。既然同一个国家的大学支教团内部会形成小团体，那么不同国家的支教团之间隔阂就更深了。不同的支教团彼此较劲，相互戒备。

埃里蓬：1939年，您离开了巴西。

列维-斯特劳斯：年初走的。我想带着考察收集的资料回法国，重返大学校园，写博士论文……

埃里蓬：后来您没去过巴西。

列维-斯特劳斯：直到1985年才去……

埃里蓬：……您是和弗朗索瓦·密特朗一起去的。

列维-斯特劳斯：只待了几天。

埃里蓬：去巴西前，您是否感受到淡淡的乡愁，毕竟您曾深爱这个国家？

列维-斯特劳斯：当然了，但我知道巴西的变化日新月异，去了巴西，我只会徒然怀旧感伤。事实的确如此，我再次回到巴西，已经隔了半个世纪。

埃里蓬：1935年到1939年，您旅居巴西期间，有没有写文章？

列维-斯特劳斯：写了一篇关于波洛洛人的长篇论文，发表在《美洲研究学会期刊》上。还给不同的期刊写了几篇不值一提的文章。

埃里蓬：没想过要写本书记录巴西考察的经历吗？

列维-斯特劳斯：当时我觉得自己写不了书。

埃里蓬：总之您回到法国时，已经发表了不少文章。

列维-斯特劳斯：是的，但除了关于波洛洛人的论文，剩下的都不值一提。我写的东西更像新闻报道，而不是人类学研究。

埃里蓬：有人注意到您当时发表的文章吗？

列维-斯特劳斯：我能去美国就是因为发表了关于波洛洛人的论文。阿尔弗雷德·梅特洛[①]和罗伯特·罗伊读了这篇文章，促成了我的美国之行。

埃里蓬：也就是说，您发表的第一批人类学论文就在学术界引起了共鸣。

列维-斯特劳斯：是的，但这并非因为我才华出众，而是情势所致：美国人类学家开始觉得，北美的印第安人已经被研究得很彻底了，需要找新的研究对象，于是他们把

---

① 阿尔弗雷德·梅特洛（1902—1963），瑞士人类学家，后入美国籍，主要研究拉美世界。

目光投向了南美洲。我的论文发表得很及时。

埃里蓬：回到法国后，没有哪所法国大学能让您教书吗？

列维-斯特劳斯：我的身份还是外派教授，但我申请了新学年开始后的教职。

埃里蓬：您没想过找个马上就能上任的教职吗？

列维-斯特劳斯：我得先把藏品安置在人类博物馆，给每一件都写上说明书，这工作很费时，需要投入很多精力。

埃里蓬：这批藏品质量如何？

列维-斯特劳斯：数量很多，不如前一批带回法国的壮观，没有办展览。我还没把藏品整理、归类，"二战"就爆发了。也就在那个节骨眼上，我和我的第一任妻子蒂娜分手了。

第三章
在纽约流浪

埃里蓬：您得参军。

列维-斯特劳斯：我已经服过兵役了,在供给铁路线上,所以我先被派到邮政电报部审查电报内容的部门。在那里工作了几个月,无聊透顶,于是我申请当通信员,和英国远征军联系。我先被派到通信员学校,在索姆省,我通过了考试。英语我只懂皮毛,不过还是通过了考试。我被派到卢森堡前线,就在马其诺防线后方,那里没有英国兵,但以后兴许会有。和我一起的还有三四个通信员,如果有英国兵来,我们负责接待。我们无所事事,整天在乡间散步。

德国开始进攻后,来了个苏格兰兵团,但他们自己带了通信员,奉命安装了电话线,很有礼貌地把我们支开了。我们或许因此捞了条命,因为几天后兵团就阵亡了。

我们只好自谋出路,自己找组织,最后在萨尔特省找到了大部队。当时德国人步步逼近,我们被塞上了去波尔多的火车。火车一路蛇形,穿越法国,后来我才知道其中缘由:部队首长遵守上级命令,不惜把驻扎地让给已经到波尔多的德国人。他下属的军官坚决反对,所以火车不时改变方向,最后,停在了贝济耶①。

埃里蓬: 这么说来您从来没上过前线?

列维-斯特劳斯: 是的。有架飞机扫射的时候把我头顶的瓦片击碎了,除此之外我没有经历过战场的危险。

埃里蓬: 到了贝济耶之后,您做了什么?

列维-斯特劳斯: 我们驻扎在拉扎克的喀斯高原。我可以算得上是回了老家,因为我父母几十年前在塞文山买了幢小房子。后来我们被派下山,来到蒙彼利埃。

埃里蓬: 在蒙彼利埃发生了什么?

列维-斯特劳斯: 我擅自离开兵营,去当地的大学毛遂自荐,看他们需不需要哲学考试的评审,当时高中会考刚开始。我来得很巧,所以提前几天服满了兵役。

埃里蓬: 您留在了蒙彼利埃?

列维-斯特劳斯: 没有。我回到父母身边,他们在塞文

---

① 贝济耶,朗格多克-鲁西永大区埃罗省的市镇。

山躲避战乱。我在塞文山收到了美国大学的来信，邀请我加入洛克菲勒基金会发起的欧洲学者保护计划。早在1940年9月，我就大大咧咧地去了维希①，要求重新任命我到亨利四世高中②任教。公共教育部坐落在一所学校里，负责中学教育的主任在他用来办公的教室里接待了我。他说，看我的名字就知道③，不可能把我派到巴黎。

埃里蓬：回想起来，您的做法挺让人惊讶的。当时的人没有意识到时局的严重性吗？

列维-斯特劳斯：我说过，我没什么想象力，考察中我也因此受益：我意识不到自己身处险境。面对时局也是一样，或许那时就决定了我的命运。

埃里蓬：大家没感觉到犹太人处境很危险吗？

列维-斯特劳斯：或许有些人知道，至少接待我的高官知道。我想回巴黎，只是为了尽教学上的义务。

埃里蓬：那位禁止您回巴黎的官员给了您建议？

列维-斯特劳斯：他建议我回塞文山，说会给我安排别的教职。几天后我被派到佩皮尼昂④的初中，现在这座学校

---

① 纳粹德国占领法国时，法国傀儡政府在维希。
② 亨利四世高中，巴黎名校。
③ 指列维-斯特劳斯是犹太人。
④ 佩皮尼昂，法国朗格多克-鲁西永大区东比利牛斯省的省会。

成了高中。

埃里蓬：您去了吗？

列维-斯特劳斯：当然了。我开始察觉到时局不利，因为有人议论种族法。新同事对我的态度也让我警觉，他们不愿意和我谈论种族法，只有体育老师对我表示同情，后来他肯定参加了抵抗运动。

过了十五天，我又被派到蒙彼利埃。我带一个哲学班和一个报考综合理工学院的重点班。重点班很有意思，因为他们想报考的是综合理工学院，所以根本不在乎学校规定的每周两小时的哲学课。我上课的时候他们完全不听，我定下心来，在闹哄哄的课堂里讲课。

埃里蓬：……您就当作重点班的学生都不在吗？

列维-斯特劳斯：……是的。这样的情况只维持了三周，种族法生效，我被调离了学校，又回到塞文山。

埃里蓬：您是怎么被调离的？

列维-斯特劳斯：当局给我寄了封信。我还可以继续领工资，时间按照我服兵役的年份计算。我去了美国后，就是靠这笔工资供养父母的。

埃里蓬：您当时已经和美国人类学家有接触了吗？

列维-斯特劳斯：是的，和阿尔弗雷德·梅特洛有联系，他是瑞士人，移居美国；和罗伯特·罗伊也有联系，他对我研究波洛洛人的成果感兴趣。而且我在美国还有个姨，也就是亨利·伽罗-德勒瓦勒的遗孀，她也为我来美国出了不少力。在他们的共同努力下，我收到了"社会研究新学院"的邀请函。

埃里蓬：这是什么样的学校？

列维-斯特劳斯：按照当时美国的政治流派来看，这学校是"左派"的，做成人教育，学生来这里上夜校。先有意大利法西斯上台，接着德国纳粹又上台，洛克菲勒基金会启动了保护有危险的学者的计划。计划扩招后，法国学者也可以申请。"新学院"算是接待和分配中心，刚来到美国的学者在这里待一段时间后可以去别的学校，但也有人情愿留在新学院。

埃里蓬：收到邀请时，您是决定马上出发吗？

列维-斯特劳斯：我想再去巴西，没走成。在《忧郁的热带》里，我提到过，巴西驻法国大使想给我签证，但他手下的幕僚劝阻他别给我签证。

埃里蓬：为什么您更愿意去巴西呢？

列维-斯特劳斯：这不是我愿不愿意的问题！这事就发生在我收到去美国的邀请函之前。

埃里蓬：您的美国签证呢，得来容易吗？

列维-斯特劳斯：获得美国移民的身份难上加难。要办很多手续，要证明我有职业技能，要有单位提供工作证明，还需要找人出高额保证金。

埃里蓬：谁给您交的保证金？

列维-斯特劳斯：一位有钱的美国女士，我姨的朋友。

埃里蓬：在您办完手续前就要交钱吗？

列维-斯特劳斯：首先法国政府得给我一个出境许可，这没有问题：人们很乐意把不受欢迎的人送到国外。要紧的是，我得订到船票。

埃里蓬：您找的船是……

列维-斯特劳斯：……"保尔·勒梅尔勒船长"号。乘客里还有安娜·赛格尔斯、安德烈·布勒东和维克多·塞尔日……

埃里蓬：您是在旅途中认识他们的吗？

列维-斯特劳斯：渐渐就认识了。我起初不知道安德烈·布勒东也在船上。在摩洛哥停留的时候，只有法国乘客可以下船，排队检查护照时，我听到排在前面的人说，他叫安德烈·布勒东。

埃里蓬：当时他很出名。

列维-斯特劳斯：是的，您可以想象，我有多惊讶。我向他做了自我介绍，我们彼此惺惺相惜。

埃里蓬：他热情吗？

列维−斯特劳斯：说他热情不太恰当，虽然他特别彬彬有礼，但保留着"法国辉煌世纪①"的做派。

埃里蓬：哪怕是在当时的情况下？

列维−斯特劳斯：是的，他举止总是很得体，让人肃然起敬。

埃里蓬：维克多·塞尔日呢？

列维−斯特劳斯：我们聊过几句，但并没有交上朋友。他儿子也在船上，那时他还小。几年前，我在墨西哥又见到了他。

埃里蓬：船上有好多名人。

列维−斯特劳斯：有些人后来才成名。在《忧郁的热带》中，我说过，船上人多，很挤。我去巴西的时候坐的也是这艘船，作为对常客的优待，船员给我安排了单间里的一张床。船上只有两个单间。和我住同一个单房的是一个自称突尼斯人的奇怪的家伙。有一天他还给我看了他带的一幅德加的画作。船员很待见他，停船的时候他也可以上岸，来去自由。我还记得他的名字——思马甲，我对他很好奇。后来，《战斗》②报创始人去世，其他报纸发表了他的照片，我才认出来，原来他就是思马甲。当时他在船

---

① "法国辉煌世纪"，指十七世纪的法国。
② 《战斗》，"二战"期间法国抵抗运动的报纸。

上可能是有秘密任务在身,但我不知道他是为谁服务的。

埃里蓬:您在那时认识了苏斯特勒。

列维-斯特劳斯:我和他认识是在1936年,当时我把在巴西收集的第一批宝贝带回法国。离开马提尼克岛后,我坐着一艘瑞典的运香蕉的船来到波多黎各。美国海关说我的文件不全,让我住在一家破旧的宾馆里,还监视我,费用由航海公司出。我和苏斯特勒就是在这种窘迫的情况下认识的。他很耐心地向美国当局解释,说我不是间谍。我静静地等着所需的文件送过来,然后坐上普通的客船去了纽约。

埃里蓬:您在《遥远的目光》①一文中提到了在纽约的生活经历。

列维-斯特劳斯:我住在格林威治村11街的单人公寓里,邻近第六大道。后来我才知道,著名的控制论学说创始人克劳德·香农当时也住在同一幢楼里。

埃里蓬:您从没见过他?

列维-斯特劳斯:没有。这座红砖楼里还住着一个年轻的比利时难民女孩——那座楼到1972年才被拆掉,我后来又特意去见了她。她和我提过有个邻居在"造人工大

---

① "纽约邮报和后喻文化",见《遥远的目光》,1983年普隆出版社出版。——原注

脑"。多年以后我才恍然大悟，说的就是香农。

埃里蓬：您和他没有相见真是太可惜了。

列维-斯特劳斯：的确很可惜，但真的见了我也未必能领会。

埃里蓬：您的英语有没有提高？毕竟您是用英语授课……

列维-斯特劳斯：……没有，我的英语还停留在入门级。但我是春天到美国的，大学课程已经结束了。我到"新学院"报到时，马上有人说您在美国可不能叫"列维-斯特劳斯"，您应该改名叫"克劳德·L.斯特劳斯"。我问为什么，对方回答说："The students would find it funny。"因为有个牛仔裤品牌叫"列维-斯特劳斯"！所以我在美国生活多年都没用过全名。

此后我一直生活在同名牛仔裤的阴影下。太烦人了！每年都有人给我下牛仔裤的订单，订单通常是从非洲来的。1950年新年刚过，在巴黎，有自称布料商的陌生人来拜访我。他在黄页里看到我的电话，想和我一起成立生产裤子的公司。我告诉他自己是学者，做研究的，卖裤子不太合适。他回答说，不用担心，告诉我公司只是个幌子，不会真的成立。"列维-斯特劳斯仅此一家，我们不会和他们竞争。我只是嘴上说说，到处吸引投资，不会真的成立公司。拿到了钱我俩分。"我很有礼貌地拒绝了他。

几年前我受伯克利大学的邀请去做访问教授。一天晚上,我和妻子想去一家事先没有预定的餐厅吃饭。餐厅门口有人在排队,服务员为了叫号问每个客人的名字。他一听到我的名字就问:"The pants or the books？"这句英文真是简单扼要,翻译成法语都可惜。

我禁不住赞叹加州服务员的文化素养。在巴黎,我妻子在店里买东西时,店员听说鼎鼎大名的列维-斯特劳斯都是因为他卖牛仔裤,而不是因为他写书……

埃里蓬： 您在美国改用缩写的名字之后又发生了什么？

列维-斯特劳斯： 他们让我回家等,每个月给我发钱。为了学好英语,我改用英语写《南比克瓦拉人的家庭与社会生活》①。

埃里蓬： 写完后没有马上发表。

列维-斯特劳斯： 是的,1948才在法国发表。这算是对我博士论文的补充。

埃里蓬： 您到了纽约后,开始接触同在纽约避难的超现实主义人士。

列维-斯特劳斯： 我和布勒东一直是好朋友。他把我带

---

① 1948年发表在法国的《美洲研究学会》期刊上。——原注

进超现实主义圈子，他自己刚和他们取得联系。

埃里蓬：作为一位年轻、不知名的学者，您进入了艺术名流的圈子，其中还有艺术界的大明星：布勒东、唐吉、杜尚……

列维−斯特劳斯：还有利奥诺拉·卡林顿、马克思·恩斯特、多萝西娅·坦宁、马塔、林飞龙……马松和凯尔德住在乡下。我周末去他们家度假。

埃里蓬：您和超现实主义圈子的人成了朋友？

列维−斯特劳斯：并不是和其中的每个人都是好朋友。我和马克思·恩斯特一见如故，他也是这个圈子中我最好的朋友。我很喜欢唐吉的画，但他这个人不好相处。杜尚很友好，有段时间我和马松走得特别近。我还和帕特里克·沃德伯格是好朋友，"二战"结束后我们还一直联系。

埃里蓬：圈子活动的经费都是佩吉·古根海姆提供的？

列维−斯特劳斯：她不时资助圈子里的成员。她嫁给了马克思·恩斯特，恩斯特比圈子里其他人都阔绰：两人在格林威治村过着波西米亚式的生活。直到马克思·恩斯特抛弃了佩吉·古根海姆。有一天，布勒东打电话问我能不能出笔小钱买马克思·恩斯特的印第安人藏品，因为恩斯特已经身无分文。今天，这些藏品收藏在人类博物馆。

埃里蓬：看来这个小圈子来往甚密？

列维-斯特劳斯：我们在各个成员家聚会。当时很流行"真心话"游戏。我们还一起去纽约富有异国风情的餐厅下馆子。

埃里蓬：和布勒东这样的人玩"真心话"游戏一定不容易吧！

列维-斯特劳斯：我们也考虑到圈子里有些人不是超现实主义者，比如我、偶尔参加聚会的皮埃尔·拉扎雷夫①，还有丹尼斯·德·鲁格蒙。

埃里蓬：你们怎么会和拉扎雷夫打交道？

列维-斯特劳斯：为了补贴家用，布勒东、杜修特和我在广播台工作，负责拉扎雷夫管的OWI（Office of War Information）：节目面向法国听众。同事来自不同的社会阶层，偶尔下班后也会小聚。我和多萝丽斯·瓦尼蒂成了朋友，几年后萨特爱上了她。

埃里蓬：您在广播台都做什么呢？

列维-斯特劳斯：我已经有广播台工作的经验。上大学的时候，为了养家，我打了好几份工，其中一项就是每天在巴黎大皇宫的地下室为埃菲尔电台读国际就业办公室的剪报。因此我父亲授命为"殖民博览会"的马达加斯加馆

---

① 皮埃尔·拉扎雷夫（1907—1972），法国记者、出版商和电视制作人。

（他从没去过马达加斯加）创作30米×5米的装饰画时把我也给画进去了，画成"主播"形象。

在纽约，我和安德烈·布勒东、乔治·杜修特，还有罗伯特·勒贝尔四个人朗读拉扎雷夫办公室写的新闻和宣传资料，节目每周播两到三次。我负责读罗斯福的演讲，据说广播信号不好的时候，我的声音还是很清晰。

埃里蓬：您是怎么找到这份广播台的工作的？

列维-斯特劳斯：帕特里克·沃德伯格介绍的，我刚才提过他。他也在广播台工作。他既是诗人，也做艺术评论……后来，他写了关于马克思·恩斯特的书，还发表了关于二十世纪初的精彩著作。当时，没人能想到，他后来会在巴黎成为法兰西学会的驻外记者。他纵情声色，饮酒无度，常去哈莱姆区的小酒馆，有时也带我去。

埃里蓬：读了您关于纽约的文章后，感觉您当时买了不少艺术品，这是您主要活动之一。

列维-斯特劳斯：马克思·恩斯特很喜欢原始艺术，他在第三大道（这条路已今非昔比）发现了一家德国人开的小古董店，经常在那买印第安人的小玩意。当时我们并没有想过要以此牟利，马克思·恩斯特常提醒我们。我们没什么钱，他手上有点小钱就去买看中的物件，没钱了就告诉朋友。德国古董商看到了商机，买进的商品越来越多。

其实（现在说也无妨，因为这故事已经传开了）这些东西都是一家博物馆卖掉的，博物馆把他们认为重复的藏品都卖掉了。可世上哪有一模一样的藏品！古董商发现这批藏品有销路后，就从博物馆进货，再卖给我们。

埃里蓬：您知情吗？

列维-斯特劳斯：我们很快就发现了。很快，古董商就带我们进博物馆的仓库看，仓库在纽约郊区，周围没什么人，门卫也睁一只眼闭一只眼。我们挑好了东西后，过了几天，藏品就出现在古董商的店里。

埃里蓬：您买来的藏品都怎么处理？

列维-斯特劳斯：我带回了法国，但碰到了点问题，所以1950年不得不卖给了德鲁奥拍卖行。好几件被人类博物馆和莱顿博物馆买走了；买家当中还有拉康、安德烈·马尔罗[①]等等，好像是的。我自己留了两三件。

埃里蓬：战后，您还和超现实主义的圈子保持联系吗？

列维-斯特劳斯：和恩斯特、布勒东和沃德伯格一直联系，其他人战后就没联系了。

安德烈·布勒东回法国比我早，因为1945年我被派到美国做文化顾问，所以和他再见时整整隔了三年。我俩习

[①] 安德烈·马尔罗（1901—1976），法国著名作家，曾任法国文化部部长。

惯每周六和他的一群忠实拥趸一起去跳蚤市场。能和布勒东一起去跳蚤市场我感到无比荣幸。

埃里蓬：绝罚①的消息传来，您没有感到惊讶吗？

列维-斯特劳斯：这当然是个悲剧，我虽不知情，但也负有责任。布勒东受托写本书，暂定标题为《魔法的艺术》，他找不到灵感。在这样的情况下，当时我们会给圈子里的朋友发问卷，我和其他人一起收到了布勒东的问卷。我很仰慕布勒东，我们一起逛跳蚤市场的时候我一直相信他的眼光：他从没看走眼，对自己的判断直言不讳。但在我看来，"魔法"一词有明确的定义，属于人类学的范畴。我不喜欢人们滥用"魔法"这个词。但我不愿和布勒东对着干，所以我没有回答他的问卷，布勒东坚持要我回答。当时我和儿子（和第二任妻子生的）在塞文山度假，当时他七岁。和问卷一起寄来的还有几件艺术品的副本，都是在布勒东眼中"多少算得上有魔法的"。虽然我不想回答，但我想知道孩子看到艺术品有什么反应，是不是像我和布勒东一样觉得艺术品有魔力。我儿子毫不犹豫地就挑出了哪些是有魔法的。我照样回答了布勒东，他在回信中怒不可遏。书出版后收录了我儿子的回答，但布勒

---

① 指1930年安德烈·布勒东把超现实主义诗人罗伯特·德斯诺斯赶出超现实主义圈子，外界传说是因为布勒东嫉妒德斯诺斯的才情。

东寄给我的书里只写着是送给我儿子的……

埃里蓬：后来您和他没有再见面吗？

列维-斯特劳斯：我俩算是和好了，但已不如以前亲密。

埃里蓬：和马克思·恩斯特的关系呢？

列维-斯特劳斯：离开纽约后我们继续联系，我俩的友谊从未起波澜。法兰西学院邀请我讲鲁巴基金会①的课（那时候我还没进学院，刚刚落选），马克思·恩斯特也来听。由此我讲到霍皮人的神，说很遗憾没有相关的幻灯片可以放。一周后，马克思·恩斯特带了一张大幅的画，挂在黑板上。这幅画我一直留着。马克思·恩斯特对人类学的态度和布勒东截然相反。布勒东不相信人类学，不喜欢学者解读他收藏的物件；马克思·恩斯特也喜欢收藏，但他愿意了解藏品背后的故事。

埃里蓬：和超现实主义派交往是否对您产生了影响？我是说，是否影响了您的研究？1984年罗德尼·尼德汉姆在《时报文学》副刊中发表文章说，您的作品和超现实主义有共通之处。

列维-斯特劳斯：从某种意义上看，他说得对。我和超现实主义者尊崇同样的知识传统，可以上溯至十九世纪下

---

① 法兰西学院接受德·鲁巴公爵举办的基金会捐赠，开设了以美洲为主题的课程。

半叶。布勒东特别喜欢居斯塔夫·莫罗①，喜欢象征主义和新象征主义时代。超现实主义派也关注非理性主义，并从美学的角度探索非理性主义。可以说，我的出发点是一样的，但我是通过分析理解非理性主义，在理解的同时依然能欣赏它的美。

我不得不提，超现实主义派经常处于极度兴奋的思想状态中，我也受益匪浅。和超现实主义派接触后，我的审美品位更丰富、更有格调。有些东西过去入不了我的眼，在布勒东和他的朋友的熏陶下，我也学会了欣赏。

埃里蓬：在《遥远的目光》中您说，您的《神话学》的创作方法借鉴了马克思·恩斯特的拼贴画！

列维-斯特劳斯：超现实主义派让我看到，无需畏惧看似突兀和出人意料的组合，比如马克思·恩斯特的拼贴画。在《原始人的心智》中可以看到超现实主义的影响。马克思·恩斯特通过借鉴其他文化的图像，比如十九世纪的旧书，构建了个人的神话，他赋予图像更多的意义，若对背景一无所知就看不出来。在《神话学》中，我把神话解构成碎片再重组，以凸显神话的意义。

---

① 居斯塔夫·莫罗（1826—1898），法国象征主义画家。

＊
＊　＊

埃里蓬： 进入九月，您开始在"新学院"授课。

列维-斯特劳斯： 那年夏天，我联系了美国的人类学家。比如梅特洛，我一到美国就联系了；还有罗伊，我能去美国多亏了他。他住在伯克利，不时来纽约。我向鲍亚士①做了自我介绍，他虽然退休了（三十多年前就退休了），但在哥伦比亚还有自己的办公室——在美国，教授退休后保留办公室很常见。

埃里蓬： 您和梅特洛一见如故。

列维-斯特劳斯： 是的，他成了我的好朋友。

埃里蓬： 您和他是怎么认识的？

列维-斯特劳斯： 我是在考察南比克瓦拉人的回程中认识他的。当时我正打算回法国。之前我和梅特洛有通信，他从阿根廷回美国，建议在圣保罗的港口桑托斯转机，逗留几小时，这样我俩可以当面认识下。在半天时间中，我们沿着充满十六世纪航海家回忆的荒芜海滩散步。

埃里蓬： 他住在纽约？

列维-斯特劳斯： 华盛顿。他常来纽约，来时就在我家

---

① 法兰兹·鲍亚士（1858—1942），德裔美国人类学家，享有"美国人类学之父"的美誉。

过夜。我们分床睡。

埃里蓬：他很热情吗？

列维-斯特劳斯：非常热情，但也很神经质，刚才还沉浸在欣喜中，一下子就会陷入无比阴暗的忧郁。他也是个工作狂，一天不写作就会感到痛苦。

埃里蓬：他当时做什么？

列维-斯特劳斯：他在美国人类学办公室工作，办公室正在编写《南美印第安人手册》，很快就邀请我参与。

埃里蓬：他对您的人类学理论素养有帮助吗？

列维-斯特劳斯：对我的理论素养没有帮助。阿尔弗雷德·梅特洛的长处不在理论，但他学识渊博，擅长实地考察，而且对其他领域保持了学术上的求知欲，很多信息都是他告诉我的。他过去也和超现实主义派交往甚密，和巴塔耶还有莱里斯很熟。回到巴黎后，我和他常见面，直到他去世。他去世时，我和他的朋友都深受打击。今天回想起来，他的私生活像是慢性自杀。

埃里蓬：您刚才提到，您去见过法兰兹·鲍亚士。

列维-斯特劳斯：一到纽约后，我就请求和他见面。他是美国人类学的教父，非常有地位。只有十九世纪才出过这样的学术巨擘，今天已经看不到了，他不仅著作等身，且涉猎极广：体质人类学、语言学、人种学、考古学、神话学、民俗，他都如数家珍……他的作品涵盖了人类学的各个方面。他是美国人类学之父。

埃里蓬：他也为保护欧洲学者和艺术家出了力。马克思·恩斯特之子，吉米·恩斯特在回忆录①中提到，他就是在鲍亚士的帮助下来到美国的。

列维–斯特劳斯：鲍亚士的人生并非一帆风顺。"第一次世界大战"时，他内心还是忠于德国的，所以反对美国参战。"一战"结束后，他在战时的主张引起了许多同事的敌意。"二战"期间他已年迈，退休多年，但还是精神领袖。他以个人名义支持德国同胞。当然了，作为最早意识到种族主义思想危害的先驱之一，他也为祖国感到痛心。

埃里蓬：您到美国的时候，已经读过他的书吗？

列维–斯特劳斯：读过几本，没有全读。鲍亚士友好地接待了我，仅此而已。很显然，他从来没听说过我。

但后来我又和他见面了，先是和雅各布森②一起见的，他俩在语言学上有共同的兴趣点，时常一起讨论。有一次鲍亚士邀请我俩在他格朗特伍德的宅邸共进晚餐，就在哈德森河的对岸。他的客厅里放着印第安夸扣特尔人雕刻和装饰的箱子，非常漂亮。他本人的大部分著作都是研究夸

---

① 《绝对的差距》，1987年巴朗出版社出版。——原注
② 罗曼·雅各布森（1896—1982），苏联语言学家、文学理论家。

扣特尔人的。我非常喜欢那个箱子，口无遮拦地说，和能创造出这样的杰作的印第安人共同生活，一定是非常奇特的体验。他冷冷地回答说："他们就是印第安人。"正因为他持有这样的文化相对主义观点，所以他对所有文化一视同仁，不分高下，可以说他是学术上的清教徒。

几周后，在哥伦比亚①避难的立维博士去墨西哥前途经纽约，鲍亚士为他办了接风宴。

埃里蓬： 立维还是人类博物馆馆长吗？

列维-斯特劳斯： 是的，从1928年起，他就成为博物馆的教授，他改造了特罗卡德罗的人类学博物馆，才有了1937年世博会时建成的位于夏约宫的人类博物馆。德国人打击人类博物馆的地下抵抗网络后，他不得不逃离法国。和他一起参加抵抗运动的好几个人不是被处死就是驱逐出境，他本人也差点遭殃。

午餐会在哥伦比亚大学的教员俱乐部举行。时值冬季，天寒地冻，鲍亚士戴着一顶旧的皮草帽，帽子是六十年前他考察爱斯基摩人时带回来的。一同来的还有鲍亚士的女儿和他在哥伦比亚大学的同事，以前都是他的学生：鲁思·本尼迪克特、拉尔夫·林顿等。鲍亚士心情很好。

---

① 此处指南美洲的哥伦比亚。

话说得正投机，鲍亚士突然推翻了酒桌，往后一栽。我坐在他旁边，急忙去扶他。立维以前做过随军医生，对鲍亚士急救，然而徒劳：鲍亚士已经死了。

埃里蓬： 鲍亚士的作品对您影响大吗？

列维-斯特劳斯： 非常大。我一直对西北海岸的印第安人很感兴趣，鲍亚士写了不少关于他们的著作。今天人们争相批判鲍亚士，说他的思想缺乏系统性，厌恶理论，作品杂乱无章。但鲍亚士累积的资料很多，是由识字的土著收集的——他手里有用好几种土著语言写的文章，都是他亲自翻译的！他被人批判说学术立场不明确，经常跨领域。

我的观点恰好相反，美国人类学的黄金时期正是得益于鲍亚士的博学多闻：无论是罗伊的批判经验主义，还是鲁思·本尼迪克特的文化形貌论，或是玛格丽特·米德研究的个人心理与文化的关系，都源自鲍亚士。鲍亚士这一代学者，或者说他培养的几代学者，每个人都从鲍亚士的学说或著作里各取一瓢，再进一步阐释。克鲁伯是个例外，他的著作涵盖了鲍亚士学说的各个方面。

埃里蓬： 和鲍亚士这样的学者见面一定让您激动不已，毕竟作为人类学家的您当时还处在慢慢成熟的过程中。

列维-斯特劳斯： 一些基础理念都是鲍亚士开创的。他在体质人类学研究中，证明了脑化指数依社会环境而异。

而此前,人类学家认为脑化指数因种族而异。他研究了美国的几代移民后发现,虽然最初不同种族的移民脑化指数有区别,但这种差异慢慢消失。同样,来自不同种族的移民儿童生长发育的步调也逐渐一致。鲍亚士的学说为后来人们批评种族主义打下了基础。

同样,鲍亚士在语言学领域也颇有建树。他一个人写的土著语言语法(涵盖十多种土著语言)超过了任何一名语言学家的成果。鲍亚士的著作让人们意识到,用印欧语系的模型生搬硬套地用于所有外语是行不通的。

鲍亚士也是在人类科学中坚持这一原则的先驱之一,我在一些书里说是索绪尔,但事实上,索绪尔并没有在这点上明确表态,我们只能从他的作品中间接推断出来:语言的法则是在无意识中起作用的,运用语言的主体无法控制,所以语法可以当作客观现象研究,就像其他社会现象一样。鲍亚士在1911年出版的那本著名的《美国印第安人语言手册》一书前言中阐明了这一原则。

在民俗和神话领域,鲍亚士积累了大量资料,还因此招人嘲笑。鲍亚士请土著联系人把自己部落的所有菜谱都写下来,他亲自翻译并发表了这些菜谱。因为鲍亚士认为,不应当武断地决定文化研究中哪些因素是关键,哪些因素无关紧要,尤其是研究鲜为人知或完全与世隔绝的文化时，看似细枝末节的因素有时最能揭露本质。

人们嘲笑鲍亚士连这么琐碎的东西都不放过。但事实上，通过看夸扣特尔人的菜谱，我解开了当地神话的关键，因为从菜谱中可以看出不同食材间相容和相克的关系。食材是相容还是相克不光是由口味决定的。

埃里蓬：从1941年至1944年，您和美国的人类学圈子走得很近。

列维−斯特劳斯：是的。我和拉尔夫·林顿还有鲁思·本尼迪克特都很熟。他们俩经常请我去家里吃饭，边吃边说对方的坏话。在哥伦比亚大学无人不晓：他俩互相看不顺眼。

埃里蓬：克鲁伯呢？

列维−斯特劳斯：他和罗伊一样住在加州，时不时来趟纽约。说来也奇怪：鲍亚士去世时我在场，克鲁伯去世时我也算在场。他和妻子路过巴黎，来我家吃饭。那天早上，克鲁伯夫人打电话告诉我，他昨晚去世了。她在巴黎举目无亲。我马上赶到伏尔泰码头克鲁伯夫妇的宾馆，去帮助她。

埃里蓬：美国人类学学派很活跃。

列维−斯特劳斯：英国学派也很活跃，但美国毕竟地大物博，什么都多，出的人类学家也多。

埃里蓬： 再谈谈1941年的秋天，那时您刚开始在新学院上课。

列维-斯特劳斯： 他们安排我教当代拉美州社会学——当时美国刚开始推广"睦邻政策[①]"。我对拉丁美洲近乎一无所知，只了解巴西，所以我每天去纽约市立图书馆看书，了解阿根廷、秘鲁和其他拉美国家的政治和社会生活。

埃里蓬： 来听课的都是些什么样的人？

列维-斯特劳斯： 和听"新学院"其他教师的课的人差不多，一部分是英语和我们欧洲人一样差的难民，另一部分是来提高自我修养的纽约人。"新学院"就像面向公众开放的大学，我在那上了好几年课，一直教当代拉美洲。1941年到1942年冬天成立了纽约高等教育自由学院，在那里我用法语授课，课程内容是我自由选择的人类学主题。

埃里蓬： 您在两所学校授课吗？

列维-斯特劳斯： 是的。

埃里蓬： 自由学院是怎么成立的？

列维-斯特劳斯： 最初的想法是鲍里斯·莫金-格泽维西[②]提出来的。他是俄裔法学家，俄国大革命时参与了自

[①] 富兰克林·D.罗斯福时期的拉美洲外交政策：停止干涉拉美国家内政，实行援助。
[②] 鲍里斯·莫金-格泽维西（1892—1955），苏联法学家，曾流亡到法国。

由派，但很快就离开了俄罗斯，在法国避难，并获得了法国国籍。他的女儿薇提娅·海瑟尔是作家，在纽约时我俩常来往。她最近去世了。《现代》①杂志刚发表了她的短篇小说。

鲍里斯·莫金-格泽维西很活跃，喜欢打着名人的旗号构想并成立各类组织。他虽然只担任副主席，但事实上组织是他一手创办的。他非常善于拉赞助，英语里有个词，专门形容他这样的人：go-between，这个词没法翻译成法语，因为它的含义有两面性：虽然是褒义词，但也暗含讽刺。莫金-格泽维西办个项目能拉拢各路名人：雅克·马利坦、亨利·福西永、让·佩兰，还有比利时的拜占庭学者亨利·格里高利。

埃里蓬：他从哪里找到的活动经费？

列维-斯特劳斯：有好几个赞助商，还有"自由法国"②都给他钱。美国人帮他解决行政和实际操作问题。

埃里蓬：自由学院在哪里？

列维-斯特劳斯：就在"新学院"隔壁，第五大道和十二街路口。

埃里蓬：学校一成立就邀请您去授课吗？

---

① 《现代》，1945年萨特和波伏瓦创立的政治、文学、哲学杂志。
② "自由法国"，1940年戴高乐将军在英国成立的法国政府。

列维-斯特劳斯：莫金-格泽维西请我过去做秘书长。但这个位置被亚历山大·夸黑看中了。我和他关系不错，所以主动让贤了。

埃里蓬：我没记错的话，夸黑介绍您认识了雅各布森。雅各布森也应邀在自由学院授课。

列维-斯特劳斯：夸黑觉得我和雅各布森精神上有共通之处。

埃里蓬：和雅各布森相识对您来说重要吗？

列维-斯特劳斯：太重要了！当时我还是个天真的结构主义者。虽然我自己还不了解结构主义，但行为与结构主义者无异。是雅各布森让我发现了已经在学科框架内自成体系的学说，我以前并未接触过这门学科：语言学。对我来说，这样的发现有如醍醐灌顶。

埃里蓬：……从此您和他成为至交。

列维-斯特劳斯：是的，我说过我既发现了语言学，又交到了一个好朋友。我们在学术上很有默契，注定要成为朋友。我俩起初是否有误会？有的，雅各布森告诉我，他第一眼看到我就心想："终于遇到了可以彻夜把酒高谈的朋友！"但事实上，我酒量不大，也不喜欢熬夜。但不管怎么说，我俩从此情同兄弟，虽然他比我年长十二岁。

埃里蓬：你们的友谊历久常青。

列维-斯特劳斯： 我们的友谊经得起考验，维持了整整四十年。我们的关系从来没变淡过，而且我一直仰慕雅各布森。

就在他去世几天前，我还收到了他发表的一篇文章，签名里写着："献给我的兄弟克洛德。"

埃里蓬： 他人怎么样？

列维-斯特劳斯： 雅各布森是位思想者，他的学术充满感染力，能够镇住周围的所有人。他会说十多种语言，博学多闻，不管是古印度语学，还是胡塞尔①的学说，他都如数家珍……他的兴趣也很广，喜欢绘画、先锋诗歌、人类学、计算机技术、生物学……

埃里蓬： 他年轻时也研究过人类学。

列维-斯特劳斯： 他十多岁时就走上学术生涯，与伟大的俄罗斯人类学家伯格乔夫在莫斯科地区考察民俗。

他也参与了俄罗斯画家与诗人的现代派运动。

埃里蓬： 您回到巴黎后常和他见面。

列维-斯特劳斯： 他来法国时我们常见，他经常出门远行！五十年代时，我和第三任妻子莫妮科住在圣拉扎尔街，靠近洛莱特圣母院②，房子很小。雅各布森不能住在我

---

① 胡塞尔（1859—1938），德国哲学家、现象学家。
② 洛莱特圣母院，位于巴黎九区。

们家，所以我们安排他住在附近的宾馆里。他每次来巴黎我们都很开心，但也有些担心，因为我们无论是身体还是头脑，都不如他强健：他八点钟就来按门铃，喊我们共进早餐，一整天都和我们泡在一起，有时在我们家一直畅谈到深夜。

后来问题就解决了。我把他介绍给我的好朋友拉康。不出人预料，拉康和雅各布森一见如故，拉康的妻子西尔维娅也是。拉康夫妇住在里尔路两套同一层的公寓。在我的提议下，雅各布森来巴黎时就住到他们家，一直住了好多年，雅各布森在西尔维娅住的那套公寓里有自己的房间。

埃里蓬：雅各布森在纽约时也在自由学院授课。

列维–斯特劳斯：他的课让人叹为观止。他的法语说得很流利，上课几乎不看笔记，偶尔从口袋里拿出笔记卡片看一眼，而且他还很有表演天赋，学生如痴如醉，感觉自己亲身经历了思想史上的决定性时刻，当然事实也的确如此。

埃里蓬：他的课上都讲什么？

列维–斯特劳斯：几年前他发表了自己的讲义，题为《声音和意义的六堂课》[1]。他建议，既然我听过他的课，序言就由我来写。

---

[1] 《声音和意义的六堂课》，罗曼·雅各布森著，克洛德·列维–斯特劳斯作序，1976年午夜出版社出版。——原注

埃里蓬：他也来听您的课吗？

埃里蓬：我的课讲的是亲属关系。雅各布森常来听我的课，就像我常去听他的课一样。有一天，他跟我说，应该把我课堂的内容都写下来。我完全没想到这一点，在他的鼓励下，我1943年起动笔写《亲属关系的基本结构》①，1947年定稿。

* * *

埃里蓬：您既要讲课，又要写作……时间是怎么安排的呢？

列维-斯特劳斯：我每天上午去纽约公共图书馆。我的人类学知识就是在那几年积累的。图书馆一开门我就进去，待到中午，或者下午一点才出来。我在外面吃了饭就回家写作。

埃里蓬：纽约公共图书馆一定很棒吧？

列维-斯特劳斯：去的人很多，但学者很少，学者喜欢去哥伦比亚大学的图书馆。我更喜欢42街，因为离我家比较近。图书馆很宏伟，像纽约有些年头的建筑一样，它看

---

① 1949年法国大学出版社出版，1967年绵羊出版社再版。——原注

上去略微老气横秋,但还是很有魅力的。

埃里蓬: 图书馆里有很多人类学著作吗?

列维-斯特劳斯: 相当多。虽然图书馆的宗旨是向普通大众传播知识,但藏书很丰富,常买新书。《亲属关系的基本结构》用到的大部分资料都是在纽约公共图书馆找到的。

埃里蓬: 这也使您的作品常受到批评:您读了很多书,实地考察的经验相对比较少。

列维-斯特劳斯: 这也是时局所迫。要是1940年我拿到了巴西签证,就可以回到"二战"前去过的地方做实地考察了。要是"二战"没有爆发,我或许会再回到巴西支教。命运让我来到了美国,但由于缺乏经费,而且当时的国际局势较复杂,我没能去实地考察,但我可以自由地从事理论工作。可以说,理论工作充满着无限的可能性。

我也发现,在过去的二三十年中,资料越积越多,数量庞大,杂乱无章,以致学者不知从哪里入手,如何利用资料。我觉得很有必要把这批资料理出个头绪。其实哪怕承认又何妨?我很快就发现,和实地考察相比,我更适合做理论。我这么说并没有任何贬低女性的意味,但我觉得实地考察是"女人的工作"(或许正因为如此,有这么多杰出的女性人类学家)。我没那么细心,也缺乏耐心。

埃里蓬：但是您似乎很喜欢实地考察，虽然您也说过，考察有危险？

列维-斯特劳斯：是的。但那是我第一次实地考察，我不知道以后还有没有机会出来，所以我并不因为实地考察投入的时间和收获不成正比感到日益绝望。

这话在当时说有道理，今天更有道理，因为情况越来越糟。几天前，处于好奇，我让人从加拿大寄来了一批文件：有问卷、表格等等。每份文件一式多份，填完后，英属哥伦比亚的一"伙"（官方用语）印第安人才让人类学家进入他们的领地。如果有人类学家告诉你，他的土著联系人非要让他立字据说明知识产权归联系人所有，法律责任由联系人承担，才肯讲个土著神话，这绝非夸大其词、危言耸听。我们不得不承认，烦冗的行政手续、事无巨细都要立文书存档的癖好（真是现代人行事风格的讽刺画）让今天的实地考察远不如过去有意思！

埃里蓬：马林诺夫斯基的日记里描述的让您有同感吗？他感到愤怒，甚至反胃？

列维-斯特劳斯：特别有同感。日记发表时，部分人类学家虚伪地表示抗议，说它贬低了人类学。可哪位人类学家没感到过绝望？富有实地经验的梅特洛从不回避自己曾经绝望过。试想，人类学家和一组土著人一起相处了十五天，一无所获，只是因为人类学家的存在妨碍了他们，连人类学家都禁不住要讨厌他们了。

埃里蓬：您也有这样的经历吗？

列维-斯特劳斯：在巴西中部条件恶劣的稀树草原上，我多少次感叹自己在浪费生命！回到您刚才说的，我无意拿自己与马林诺夫斯基做比较，但我的实地经验比批评我的人想的要丰富。至少，我积累的实地考察经验足以让我理解何谓实地考察，这是怀着正确的心态评价和借鉴其他人类学家的考察成果的先决条件。我的实地考察经验起到了心理学中"教学法"的作用，而且我觉得我的考察成果有所建树，发现了新的事实。

埃里蓬：您在纽约有没有参与政治活动？比如，您有没有接近著名的戴高乐主义的圈子？

列维-斯特劳斯：我和自由法国部队签了协议，作为留美法国科学家获得资助。苏斯特勒在纽约逗留时，热情地建议我和他一起去伦敦。但我想潜心学习，很快又想写作。我参加了几次戴高乐主义人士的聚会，并不积极。

埃里蓬：从那时起，您就不参政了吗？

列维−斯特劳斯： 更准确地说，我的参政热情一点点减退。

埃里蓬： 有一天，您突然听说了盟军在诺曼底登陆的消息。

列维−斯特劳斯： 我还记得那一天。当时，我住在格林威治村的公寓里，早上醒来后打开收音机，在路上听到了诺曼底登陆的消息。这消息太不可思议了，我一时没听清楚。过了一会儿才缓过神来，我痛哭流涕。

埃里蓬： 解放后，您要求回法国？

列维−斯特劳斯： 其实事情的先后顺序并非如此。夸黑先辞去了自由学院秘书长的职位。学校里起了些冲突，当时自由学院的教授明显比以前多了，分成两派。一派自己是彻头彻尾的法国人，一心只想回到法国，继续从前的事业。在这一派看来，自由学院在战后失去了存在的意义，应当解散；另一派教授刚刚入了美国国籍，或是战前来法国避难的难民，他们不确定自己何去何从，不了解法国当时的情况，希望自由学院继续开下去。这样，他们既可以维系和法国的纽带，又可以在美国过安稳的生活。夸黑爱国情绪高涨，但他对派系之争很反感，不愿意站队。我就继了他的职位，成了自由学院的代表。

在法国，大家都知道这个问题，因为被任命为文化交流处主任的亨利·劳吉耶①本人就在加拿大避难。他给我打电话,希望能找到折中的办法。于是我回到了巴黎。旅途可谓一波三折:我先是坐上了美国海军(当时战争还没有结束)的船。在英国下了船后——哪个港口我记不得了,我又到了伦敦。伦敦还有空袭,不时有V-2导弹投落,我先去迪耶普②,然后才回巴黎,那是1945年1月初。我在文化交流处有办公室,交流处在香榭丽舍大街旁的拜伦伯爵路的一幢宾馆里——不是私人别墅,而是一家古旧的宾馆。

埃里蓬: 您当时的职位是什么?

列维–斯特劳斯: 我只有一个头衔,就是纽约高等教育自由学院的秘书长。

埃里蓬: 具体工作内容是什么?

列维–斯特劳斯: 我负责接待想去美国的访问学者。担任秘书长期间,只有两件事让我印象深刻,其中一件就是和梅洛–庞蒂重逢。

埃里蓬: 自从您完成教师资格考试的实习后就没有和他再见?

---

① 亨利·劳吉耶(1888—1973),法国生理学家,"二战"期间曾参加抵抗运动。
② 迪耶普,法国诺曼底大区滨海塞纳省的港口城市。

列维-斯特劳斯： 那是我和他第一次再见。

埃里蓬： 重逢的经历如何？

列维-斯特劳斯： 非常愉快。我对法国的情况近乎一无所知，问他存在主义是什么。他回答说：存在主义就是要延续笛卡儿和康德的传统，重振哲学。

埃里蓬： 您和他讨论存在主义了吗？

列维-斯特劳斯： 我不知道存在主义是什么，甚至没读过《存在与虚无》[①]。

埃里蓬： 第二件事呢？

列维-斯特劳斯： 当时著名的歌唱家珍妮·米硕来拜访我。她牵着两条身形庞大的狗，带着一身浓郁的香水味走进我的办公室。

---

① 《存在与虚无》，萨特的著作。

第四章
回到旧大陆

埃里蓬：您在巴黎只逗留了几个月,又回到了纽约……

列维-斯特劳斯：……是以文化顾问的身份回纽约的。劳吉耶原本想把我派到墨西哥去,但我正在写《亲属关系的基本结构》,需要在美国的图书馆查阅资料。我坚持要接替离任的亨利·塞里格[①],他和我是很好的朋友。塞里格本人也希望我能接替他的职位。

埃里蓬：他的女儿是不是那个演员?

列维-斯特劳斯：是的,就是黛芬的父亲,她小时候我在她父母家见过她。塞里格是著名的考古学家,后来他被任命为法国博物馆部[②]主管。在我和塞里格的共同劝说下,

---

① 亨利·塞里格(1895—1973),法国考古学家,他的女儿黛芬·塞里格是电影演员。
② 法国博物馆部,隶属法国文化部的单位。

劳吉耶同意把这个职位给我。

埃里蓬：您回美国是什么时候？

列维-斯特劳斯：1945年春天。

埃里蓬：您的新职位有哪些职责？

列维-斯特劳斯：主要是负责布置文化处工作的大楼。

埃里蓬：现在的法国大使馆吗？

列维-斯特劳斯：不是，现在的法国总领事馆。"二战"前，法国政府在第五大道上买了一幢罗马宫殿风格的楼，很伟岸，是一位美国银行家造的。纽约市的市长非常讨厌维希政府，没让维希政府的外交官搬进去。戴高乐上台后，纽约市市长终于允许法国外交官搬进这幢楼。大楼的布局其实不适合文化处的工作，所以我受命把楼重新改造了一遍。夏约官的建筑师雅克·加尔律当时正在美国避难，他愿意帮助我。我俩一起改造了大楼的内部格局。

埃里蓬：工作量很大吧？

列维-斯特劳斯：是的，但我很喜欢这样的工作，远胜过我的本职文化顾问。改造大楼太有意思了，我得出主意，画平面图，监管施工，偶尔还亲自动手。

埃里蓬：您的文化顾问也做得很出色呀！

列维-斯特劳斯：我的确做得很出色！但大家对我也很宽容，因为施工期间，文化处全体工作人员挤在客厅里，其实那个房间是个舞会大厅。

埃里蓬：回到纽约后，您见了以前的朋友吗？

列维–斯特劳斯：法国移民圈子的人渐渐散了。我同时有好几个圈子，这些圈子只有部分交集：超现实主义派、学术圈；还有精神分析派，因为在雷蒙·德·索绪尔（语言学大家之子）家我经常见到罗温斯坦、克里斯和努恩伯格，有一次还见到了玛丽·波拿巴。作为文化顾问，我又接触到了另一个阶层，即热爱法国的美国富人。我发现了纽约的另一个社交圈。

埃里蓬：您在纽约又住了三年。

列维–斯特劳斯：我1947年末回到巴黎。

埃里蓬：您担任文化顾问期间，萨特曾来美国访问。

列维–斯特劳斯：是的，但他不需要我来安排行程。我们吃了一次午餐，就我俩。

埃里蓬：您之前不认识他吗？

列维–斯特劳斯：完全不认识。我准备教师资格考试的时候见过他，那时我在高师上课。有人指着他对我说："看，那就是萨特。"那时，萨特已经是个人物了。

埃里蓬：在纽约，您也见了西蒙娜·德·波伏瓦。

列维–斯特劳斯：她是过了段时间单独来的纽约，而且她也不需要大使馆文化处的帮助。因为我和她算是旧相识，所以联系了。我请她到我家吃午饭。我记得很清楚——我儿子刚刚出生——她带着一脸厌恶的表情看着摇篮：不该给她看婴儿的！

埃里蓬：我没记错的话，您也接待了加缪？

列维–斯特劳斯：加缪倒是比较需要文化处的帮助。我带他逛了纽约，去中国城吃饭……我们去百老汇的夜总会里玩，那里有小丑扮过气女歌星。女小丑是美国独有的，值得见识一下，虽然我一直觉得女小丑很恶心。

埃里蓬：您还接待了其他名人吗？

列维–斯特劳斯：朱尔·罗曼①。那时候我还是很有原则的。战前，他出版了一本政治立场模棱两可的书，和我喜欢的《善意的人们》差远了。而且负责接待罗曼的不是大使馆文化处，而是在二战中政治立场可疑的法美友好组织。他们邀请我去讲话，我说了点让罗曼不痛快的话。我说《善意的人们》这本书很精彩，主人公加勒兹和杰番尼翁在我这一代人中很有共鸣，他俩曾立誓拒绝加入法兰西学术院，而当时罗曼刚入选院士。安德烈·莫洛亚②也在场，他在回忆录里提到，文化顾问的讲话带刺。

我还接待了一个青年医生的访问团，其中有伊夫·拉

---

① 朱尔·罗曼（1885—1972），法国哲学家、诗人、戏剧家。
② 安德烈·莫洛亚（1885—1967），法国作家、编剧。

波特,现在当上了法兰西学院的主管。还有让·德烈①,法兰西学术院院士,后来我也成了院士。加斯通·贝杰,后来成为高等教育主管。

埃里蓬: 贝杰是莫里斯·贝嘉②的父亲。

列维-斯特劳斯: 正是。我记得他当时在艾克斯③当老师。他来纽约的时候,我正收拾行李准备回法国。我向他道歉,表示因为我即将回国,所以招待不周。他说:"我知道,您要去学院了。"我说过,当时我对学院不怎么了解,知道学院很有威望,让人肃然起敬,我上学的时候都不敢进去听课,所以我对加斯通·贝杰的话也没在意。我到巴黎后,原本就赏识我的劳吉耶告诉我,亨利·皮埃隆想见我。想必您知道皮埃隆是何等人物——著名的心理学家、共产主义者、法兰西学院教授。我和他约了见面的时间,他告诉我:"我们打算让您来学院讲课。"我不知道他口中的"我们"具体是哪些人,但他看起来特别有把握,我猜是有什么神秘的大人物把事情都安排好了,我只要听从安排就行。我在海外居住已经有十三年了,并没有预感到自己会卷入学院内部保守派和自由派的斗争——这

---

① 让·德烈(1907—1987),精神病学、神经学专家、作家。
② 莫里斯·贝嘉(1927—2007),法国舞剧导演。
③ 艾克斯-普罗旺斯,法国普罗旺斯—阿尔卑斯—蔚蓝海岸大区的市镇。

在了解学院的人看来是明摆着的事。几个月后,学院的人建议我几个月后有新职位再来毛遂自荐,我再次受挫。

埃里蓬:您一年内受了两次打击,这是哪一年?

列维-斯特劳斯:1949年和1950年。

埃里蓬:杜梅泽尔①就是那时候当选的。当时的主管艾德蒙·法拉尔对他充满敌意。

列维-斯特劳斯:他还冷冷地告诉我,我永远进不了学院!虽然杜梅泽尔、巴塔永和班文尼斯特②齐心协力,但也没法说服学院剩下的人。提到马克思·恩斯特时,我曾说过,鲁巴基金会赞助学院的课。说起来也很让人费解,我就快被排挤出学院了,学院却邀请我去上课,杜梅泽尔也来听课,我就是在那时和他有深交的。

埃里蓬:您等了十年才再次向学院毛遂自荐——这次时机选对了。

列维-斯特劳斯:我当时太天真了,稀里糊涂地被卷入了守旧派和现代派的争吵。持传统观念的那一派阵营里有些人无论是从精神上还是态度上,都属于上一个世纪。我不得不说,自从米歇尔·巴塔永接替法拉尔成为学院的主管后,派系之争渐渐化解。此后的二十二年里,在巴塔永

---

① 乔治·杜梅泽尔(1898—1986),法国语言学家、历史学家、人类学家。
② 埃米尔·班文尼斯特(1902—1976),法国语言学家。

和继任的新主管领导下,当年的派系之争再也没有重演。

连续两次失败后,我深信,我无法像人们所说的那样"干出一番事业"。我和过去做了了断,私生活也重新开始,我写了《忧郁的热带》——假如当时我正在找大学的教职,我绝对不敢出版这样的书。

埃里蓬:在纽约,您写完了《亲属关系的基本结构》。

列维-斯特劳斯:我和接替劳吉耶做文化处主管的路易·杰克斯有君子约定。他同意我作为文化顾问只来上半天的班:上午来办公室,下午回家写作。当时我和第二任妻子住在办公楼顶层的阁楼上,工作上需要我时,我只要下楼就行了。就这样,我写完了这本书。

埃里蓬:到了巴黎后,这本书成了您的博士论文。

列维-斯特劳斯:是我的主论文。《南比克瓦拉人的家庭与生活》是补充。

埃里蓬:您博士论文答辩时评审都有哪些人?

列维-斯特劳斯:我带着论文手稿去见了当时的索邦大学校长达维①,请他指导我的论文(如果算得上指导的话,毕竟我论文已经写好了)。他很热情地接待了我,这不太符合他的作风(他脾气暴躁),他同意做我的论文导师。

---

① 乔治·达维(1883—1976),法国社会学家。

同样，格里奥尔①也同意做我的辅助论文导师，所以我是在索邦答辩的，评审有：达维、格里奥尔、班文尼斯特、拜耶和做汉学和法学研究的艾斯卡拉。那是1948年。

埃里蓬：您认识班文尼斯特吗？

列维-斯特劳斯：回到法国后，我见了他和杜梅泽尔。雅各布森给我派了不少任务，《亲属关系的基本结构》一书涵盖世界各地，所以评审中要有每个地区的专家。我向达维建议印度专家可以请班文尼斯特。

埃里蓬：后来您和他一直有联系吗？

列维-斯特劳斯：因为答辩的缘故，他给我提了批评意见，我和他有长时间的书信往来。后来，隔了很长时间后，我进了学院才更了解他。班文尼斯特很内敛，外人难以猜透他的心思。有一次我请他到家里吃饭，费了不少周折他才接受。听雅各布森说，他以前没那么内敛。雅各布森和他相识时他还年轻，当时他很活泼，随心所欲，但后来就变了。

埃里蓬：您是在1949年出版《亲属关系的基本结构》的？

列维-斯特劳斯：是的，法国大学出版社出版的。

---

① 马塞尔·格里奥尔（1898—1956），法国人类学家。

埃里蓬：《南比克瓦拉人的家庭与生活》出版得更早？

列维-斯特劳斯：最早是作为一百多页的论文发表在《美洲研究学会期刊》上。为了答辩，又把它单独拿出来出版。过了段时间出版了《亲属关系的基本结构》。我答辩时用的是打字机记录的文本。

埃里蓬：您的书出版的时候，波伏瓦写了个摘要。

列维-斯特劳斯：她快写完《第二性》了。这是米歇尔·莱利斯①在人类博物馆告诉我的。我告诉雷利斯我自己的一本书也快定稿了，主题类似。雷利斯告诉了波伏瓦，于是她在我家读了《亲属关系的基本结构》，因为她想在自己的书定稿前了解人类学研究方面的最新动态。《亲属关系的基本结构》出版时，她在《现代》②里写了摘要。

埃里蓬：她在摘要里对您的书评价很高。

列维-斯特劳斯：可以说是赞不绝口。别忘了那时候《现代》想跻身知识界的核心刊物。他们尽力拉拢我，不管我是不是存在主义者。

埃里蓬：从更广的范围看，《亲属关系的基本结构》

---

① 米歇尔·莱利斯（1901—1990），法国作家、诗人、人类学家、艺术评论家。
② 《现代》1949年11月刊（第49期）。——原注

出版后反响如何？

列维-斯特劳斯：人类学界反响热烈。但除了学术圈，很难说有人对这本书感兴趣。

埃里蓬：的确，读这本书对读者的学术素养要求很高。

列维-斯特劳斯：这倒是。而且，我打算写续作，已经开始构思了，标题是《亲属关系的复杂结构》。

埃里蓬：您放弃了？

列维-斯特劳斯：我很快意识到，要处理复杂的系统靠土办法不行，必须要用电脑。我觉得，不论从实践上还是智力上我都缺乏掌握计算机的能力。

埃里蓬：在《亲属关系的基本结构》里，安德烈·薇依写了"数学附录"。

列维-斯特劳斯：从历史角度看，这份附录很有价值。自从这份附录发表之后，亲属关系的数学有了飞跃的进步，而且继续发展。

埃里蓬：您和西蒙娜·薇依的兄弟安德烈·薇依是在纽约认识的？

列维-斯特劳斯：他是西蒙娜的兄弟也是布尔巴基团体①的创始人之一。我研究的是澳大利亚土著人的亲属关

---

① 布尔巴基，二十世纪法国数学家创建的团体，全名为尼古拉·布尔巴基合作者协会，布尔巴基是虚构的人物。

系，这个问题很复杂，所以我琢磨着应该请教数学家。我找了当时在美国避难的阿达马，他虽然年事已高，但是一位杰出的数学家。我把问题交给了他——我记得这一段经历好像已经提过了——他回答说数学家只懂加减乘除，婚姻和运算方法无关。此后，我又碰到同在美国避难的安德烈·薇依。我和他讲了拜访阿达马的经历，他对数学与婚姻的看法不一样。他告诉我，婚姻的确无法从数学角度给出定义，但是由婚姻产生的关系确有数学上研究的意义。我把问题的所有数据都给他，他就做出了您刚才提到的"数学附录"。

埃里蓬：您这样做是为了显示研究成果符合科学规律吗？

列维-斯特劳斯：数学附录的意义不止于此，它用简单的数学方法解释了在我看来属于简单的亲属关系。更重要的是，数学附录的原理和雅各布森在语言学中应用的原理一脉相承，把注意力从术语上转移到了术语之间的关系上。而这正是我为了解决婚姻形成的让人类学家困惑的、错综复杂的亲属关系做出的贡献。

* * *

埃里蓬：您说曾在法兰西学院受挫。那1948年，您回到法国后，在哪些机构任职呢？

列维-斯特劳斯：我在法国国家科学研究中心当了几个月的研究员，这是个过渡性的职位；后来，当了国家自然历史博物馆副馆长、人类博物馆副馆长。

埃里蓬：出于什么机缘让您来到人类博物馆的？

列维-斯特劳斯：达维博士促成的。他退休前，提议我当副馆长，负责人类学这一块。负责史前时期的副馆长安德烈·勒儒瓦-库尔汉在里昂有教职，不是每天都来上班。在整整一年的时间里，虽然自然历史博物馆任命了主管的教授，人类博物馆的大小事务都是我管的，一直管到有新馆长接替达维。

埃里蓬：您就是在那时认识了雷利斯，他也在人类博物馆工作。

列维-斯特劳斯：我还没读过他的书，读了之后简直爱不释手。我的妻子莫妮科（当时我们同居了，1954年结婚）也认识雷利斯一家。我是在拉康家认识她的。

埃里蓬：您和拉康怎么认识的？

列维-斯特劳斯：夸黑在一次聚会上介绍我们认识的。

那时我还和乔治-亨利·利威尔成了好朋友。我在圣拉扎尔街的家里还有他专用的餐具，他单身，感到寂寞时就来我家吃饭。

埃里蓬：您是不是从这时起完全放弃了政治活动？

列维–斯特劳斯：是的，就是这样。

埃里蓬：戴高乐主义不吸引您吗？

列维–斯特劳斯：不吸引。我还沉浸在社会主义思想中，无法接受戴高乐主义。但同时，我也看到各种政治立场都存在矛盾。在巴西生活的几年里，我更冷静地思考政治，这也是不得已而为之。您还记得，我准备教师资格考试那几年，我在社会党党员乔治·莫奈手下工作。1936年，我已经去了巴西，他在人民阵线党组成的政府担任部长。我还等着他能叫我回去工作。很显然，以前与我共事的社会党同志忙于庆祝大选胜利，把我忘得一干二净。我的生活走上了新的轨迹，事情一件接一件地发生，我就逐渐淡出了政坛……

埃里蓬：可是您一直关心政治？

列维–斯特劳斯：是的，我一直关心政治。

埃里蓬：在人类博物馆工作了几年后，您去了高等学院教书。

列维–斯特劳斯：我一回法国就开始在人类博物馆下

属的人类学研究院教书，后来又入选高等学院，因为莫里斯·利恩阿尔退休后有空缺的职位，但他本人不希望我补缺，而想推荐自己的学生。这有点微妙，当时学校会考虑退休教师本人的意见，但我还是被选上了，这主要归功于杜梅泽尔。按照学校的选拔制度，候选人是别人推荐的，而不是毛遂自荐的，所以我好几年之后才知道杜梅泽尔当年替我说了话。

埃里蓬：您被分配到第五个系，宗教科学系？

列维–斯特劳斯：是的。

埃里蓬：学校坐落在索邦。

列维–斯特劳斯：今天还在索邦，E号楼梯。

埃里蓬：您都教哪些课？

列维–斯特劳斯：课程名称叫《未开化民族的宗教》，莫里斯在时这个课的名称就是这样。我很快改了课名，原因是这样的：一天，我上课时在讲非洲某民族的风俗，一个黑人学生站起来说："我就是这个种族的，我不赞成您的解读。"类似的事情发生了两三次，我不得不把课程的名称改成了《没有文字的民族的宗教》。我不能把来索邦上课并和我讨论的学生归类为"未开化"的人！但那些民族没有文字确实属实。

埃里蓬：您在高等学院和法兰西学院课程的讲稿收录

在《人类学讲演集》①中。书里提到一件奇怪的事：1953年，您在巴黎遇到了塔尔科特·帕森斯，他不仅提议您去哈佛教书，还准备好了工作合同。

列维-斯特劳斯：我在当文化顾问的时候在哈佛大学办了研讨会，会后认识了塔尔科特·帕森斯……

埃里蓬：……您和他一直联系……

列维-斯特劳斯：……没有，这位著名的社会学家向我提议见面时我还很惊讶，他还不告诉我为什么。让我去教书的想法最早是哈佛大学的人类学家克莱德·克鲁科恩提出的，我和他相处得很愉快。

之所以在《人类学讲演集》里提这件事，是因为一位美国女士在书里不怀好意地写到，我之所以回法国是因为在美国找不到教职。在美国人看来，只有在美国过不下去的人才会选择回欧洲！同样，罗伯特·雷德菲尔德也有这样错误的印象。我们相处得很好，他还在我家住过。在《纽约之前塑与后塑》②一文中，我写道，一位美国社会学家在芝加哥的郊区有一套先锋建筑的房子，很漂亮。说的就是他，虽然没有点名。他劝我快在美国找个教职安顿下来，我当作没听见，所以他就告诉梅特洛说我是"落魄欧

---

① 《人类学讲演集》第258页，1984年普隆出版社出版。——原注
② 见《遥远的目光》。——原注

洲人的典型"。其实我要是想在美国安顿下来早就找到教职了。刚来美国的时候，科特·卢因提议把一个稳定的教职给我；我在学院受挫后，克鲁伯也给我工作机会。帕森斯提出的条件还很优越，是一份全职教授的工作合同，还是终身职位，就是说拥有讲席教授头衔，不能被开除，但我不想再客居异乡。

虽然我一再选择回到法国，并在法国定居，但我对美国还是充满了感激：要不是美国人接待了我，或许我就送了命。在美国生活的那几年，我接触的学术圈和工作条件很大程度上成就了今天的我。但我知道，我属于欧洲这块"旧大陆"，这点无法改变。

埃里蓬：但在学术界，您被认为是美洲专家！

列维-斯特劳斯：这实属机缘巧合。我在海外获得的第一个教职是在巴西，当时我对南美洲仅有粗浅的了解。其实派我去世界上任何一个角落我都愿意。

不如问问我，为什么选择继续研究美洲。在我看来，首先是因为和新大陆的接触让我印象深刻，与旧大陆相比，新大陆显得那么幅员辽阔。其次，新大陆的自然风景未经人工雕琢，壮美无比，初见让我不由得感到震撼。而此前我见到的自然风景都那么秀气，哪怕看似有"野性"的风景其实也是上千年人类活动的产物……

最后，或许这是最重要的原因，在我看来，研究美洲比研究其他大洲更需要发挥想象力。美洲的土著居民最初来自亚洲，他们穿越了今天白令海峡才来到美洲。这次迁徙发生在什么时候？最精确的估计也有五万年的误差。虽然迁徙发生多次，跨越了好几个时代，但没有留下任何痕迹。由于海平面的变化，迁徙的路线已无处可追寻，或许是在海岸的高山里，或许淹没在海水中。更何况，美洲土著文化绚丽多彩，不亚于世界其他文明，但技术和经济发展水平却很落后。再加上美洲部落的文明总是昙花一现：在几个世纪内，一个文明诞生、发展，又衰落；一些美洲文明在西班牙人来到美洲前就消失了，或许比西班牙人在新大陆接触的、已经在走下坡路的文明更发达、更开化。

事实上，虽然美洲研究已经出了很多成果，我们依然不知道、不了解美洲的本质。美洲对于十五世纪或十六世纪的航海家来说，是个神秘的新大陆，我们今天依然有同感。美洲研究几乎每年都有新突破，都在推翻过去的结论。美洲研究就像十九世纪的自然科学界，充满了希望，稍加努力就能有重大发现。所以，美洲让学者如此心醉。

埃里蓬：既然如此，连续两次在学院受挫后，您为什么没有接受帕森斯的邀请，回到美洲？

列维–斯特劳斯：痴迷于1492年前的新大陆是一回事，

但要背井离乡，去新大陆生活是另一回事。哈佛大学的邀请原本可以说服我选择后者。但拒绝邀请前，我向当时的高等教育主管加斯通·贝杰征求意见。他说："不要犹豫了，接受吧！"我想，我挺喜欢现在波西米亚人式的生活。和去麻省剑桥市相比，我更愿意周六在巴黎逛逛跳蚤市场。

说到跳蚤市场，我有个小故事。有一天，我在美国认识的皮埃尔·孟戴斯-弗朗斯①让我带他去逛跳蚤市场。他还指望在跳蚤市场上能淘到祖辈在安的列斯群岛生活时的旧资料。不用说您也能猜到，我们空手而归……

---

① 皮埃尔·孟戴斯-弗朗斯（1907—1982），法国政治家。

第五章
数字"8"的奥秘

埃里蓬： 1955年，您出版了《忧郁的热带》。是什么原因促使您写这本书呢？

列维-斯特劳斯： 最早，让·马洛里①要出版"人类居住的大地"系列，提议我写本书，我之前不认识他，也从未想过要写书记录旅行。

后来，我正经历逆境，以为自己再也当不了大学教授了，觉得出书这个主意不错，可以畅所欲言，无需考虑影响。

再加上随着时间的推移，我能更冷静地回顾旅行的经历。我的书不是单纯地摘抄旅行日记，而是回顾过去的探险，从哲学的角度出发，沉思其中的意味，最后写下来。

---

① 让·马洛里（1922—　），法国历史学家、人类学家、作家。

埃里蓬： 我记得《忧郁的热带》这本书您写得挺快的。

列维–斯特劳斯： 只花了四个月。我本想写《亲属关系的基本结构》的续篇——《亲属关系的复杂结构》，我觉得自己能写但最终没写成，心里很懊悔。我停了下来，间歇的时间应该越短越好。我觉得自己的书违背了科学，从这本书里就能感觉到，至少书的第一版有很多粗心的错误。我都没有花时间检查葡萄牙语的拼写，全是按自己的感觉写的。第一版真是惨不忍睹。

埃里蓬： 这本惨不忍睹的书反响还不错。雷利斯、布朗肖[①]都写了评论……

列维–斯特劳斯： 乔治·巴塔耶和雷蒙·阿隆[②]也写了。书的确反响不错，但销量迟迟没有起色。我的书是在龚古尔奖揭晓前一天出版的，龚古尔学院还发表声明，表示由于《忧郁的热带》不是小说，所以没得龚古尔奖，深感遗憾。您知道吗？

我还收到了读者来信，其中有一封让我特别感动：皮埃尔·马克·奥朗写的，我十来岁的时候特别喜欢他的书。我在写作《忧郁的热带》的过程中，也回想起马克·奥朗的书，或许他喜欢我的书也是因为从中看到了自

[①] 莫里斯·布朗肖（1907—2003），法国作家、思想家、哲学家。
[②] 雷蒙·阿隆（1905—1983），法国社会学家、哲学家。

己的影子。

埃里蓬：您的书在文学界一片叫好，人类学界呢？

列维-斯特劳斯：反响平平。保罗·达维读了《忧郁的热带》后，一直给我吃闭门羹。他本来就是急性子，估计看了第一句"我憎恶旅行，憎恶探险家"之后就不读了，觉得我言行不一。直到他临终前我才见到他，他躺在诊所里，打电话把我叫到他的病床前，与我和解。

埃里蓬：这本书的确是人类学著作吧？

列维-斯特劳斯：我原封不动地引用了好几页《南比克瓦拉人的家庭与生活》的内容。

埃里蓬：那这本书算是对您的工作成果的总结？

列维-斯特劳斯：是我对当时工作成果的总结，也是我对当时的信念和梦想的总结。

* * *

埃里蓬：在您1948年回法国到出版《忧郁的热带》这段时间里，法国知识分子圈的氛围如何？存在主义风头正健……

列维-斯特劳斯：是的，但我没有参与。我读了存在主义的书，但和作者并不熟。我和萨特只见过两三次，除了一次是在让·普永家吃饭，剩下几次见面纯属偶然。

埃里蓬： 您和梅洛-庞蒂挺熟的。

列维-斯特劳斯： 我在学院屡次受挫后不久，他就入选了学院，这样的巧合让我和他走得更近。您知道，入选学院分几步走：教授投票决定聘请新的讲席教授，过段时间，他们再决定请谁。一般会指定两个候选人，第二个只是走走形式，无望入选。法兰西研究院①里的相关学院要发表意见。通常，学院会调换两个候选人的先后位置，最后由部长决定。拿梅洛-庞蒂的例子来说，法兰西人文学院把学院提名的两个候选人的先后顺序换了，把加斯东·贝尔热排在第一位。这里面的门道梅洛-庞蒂不知道。我当候选人的时候有人告诉过我，所以我就告诉梅洛-庞蒂这时该如何表现。这些小动作起到了作用，因为按照惯例，学院和研究院意见相左时，由部长做决定，部长通常会听学院的。当然，一般来说，正式提名还要晚一些。

埃里蓬： 所以您和他成了朋友。

列维-斯特劳斯： 是的，我们两人经常带妻子一起聚会，还常和拉康夫妇、雷利斯夫妇见面……

埃里蓬： 他会和您谈研究上的事吗？

---

① 法兰西研究院下属法兰西学术院、法兰西科学院、法兰西人文学院等五个学院。

第五章 数字"8"的奥秘

列维-斯特劳斯：我们很少讨论哲学，但是梅洛-庞蒂提出来让我再次向学院毛遂自荐，从1954年开始。

我记得很清楚，因为当时我回答说："我在写书（《忧郁的热带》），您和学院的其他教授读了这本书后，再也不会提名我当教授了。"就像梅特洛常说的，我太心直口快了。

埃里蓬：尽管如此，他还是在1959年提名了您。

列维-斯特劳斯：他不但提名了，而且还为我的提名忙了三个月，不久后他就去世了。他知道提名我会碰到阻力，法拉勒那一派里还有人。梅洛-庞蒂真是费了不少心思，他去找了人，写了信，才保证在他提议聘请新讲席教授时没人反对。

埃里蓬：您这次当选没有节外生枝吗？

列维-斯特劳斯：有人投了反对票；一些人反对是因为我是唯一的候选人，投票的教授总希望能够二选一。

埃里蓬：您进了学院后，工作条件有很大的变化吗？

列维-斯特劳斯：当然了。我忘了告诉您，从1953年到我入选学院这段时间里，我还从事副业，担任国际社会科学理事会的秘书长，这是联合国教科文组织下属的非政府组织。很显然，这份工作占用了我的时间。

埃里蓬：您的工作内容是？

列维-斯特劳斯：我尽力让这个既没有目标又没有用途的组织看起来有存在的意义。

埃里蓬：既没有目标又没有用途，但经费还是有一点的？

列维-斯特劳斯：是的，就是为了名正言顺地花经费，才装模作样地搞点活动。

埃里蓬：您负责接待教授和研究人员。

列维-斯特劳斯：我接待了好多人，主要职责是组织国际会议，拟选讨论的主题。

埃里蓬：1952年，您就是在这种情况下发表了《种族与历史》①的？

列维-斯特劳斯：我进社会科学理事会前，联合国教科文组织请我写《种族与历史》这本小册子。1952年发表的话我应该是在1951年写的，在我进理事会供职前。给联合国教科文组织写书的机会是梅特洛介绍的。

埃里蓬：您在法兰西学院讲的第一堂课如何？时间是1960年1月5日。

列维-斯特劳斯：考虑到和学院打交道的经历，可以说第一堂课比我预想的要顺利。我的课里有些内容只有掌握人类学基础的人才能听懂。比如我在上课一开始讲到的关

---

① 1952年联合国教科文出版社出版，1987年弗利欧出版社再版。——原注

于"8"这个数字的奇异猜想。我和梅洛-庞蒂都是在1908年生的,但他不爱听别人提起。他觉得我看起来比他老,当然这也是真的。看到我老了,他觉得自己也老了。虽然他为我出了不少力,但他总提防我,担心好心没好报。他觉得我会做出违背常理的事。

我滔滔不绝地讲,我的教授职位和"8"这个数字有什么联系,想必他在等着,甚至担心我提到我们出生的年份,因为这个讲座是多亏了他我才得来的。这是一个恶作剧,虽然没有恶意。

快下课时,我抱怨说,这个教授职位设立得太晚了(我说十六世纪初就该开,由最早去巴西的探险家来讲),我的新同事里有人感同身受,觉得他们自己十年前就该进学院做讲席教授了,于是他们纷纷鼓掌。

埃里蓬:您真的是法兰西学院第一位人类学的讲席教授吗?

列维-斯特劳斯:算不上第一位,因为有马塞尔·莫斯的先例。他的讲席名称是"社会学",但他其实是研究人类学的。

埃里蓬:您的课反响如何?

列维-斯特劳斯:梅洛-庞蒂在观察之前最反对我进学院的教授的反应。下课后,他告诉我,我让他们心服口服了。

埃里蓬：您在学院和布罗代尔重逢。

列维-斯特劳斯：从巴西回来后就没再见过他。

埃里蓬：还有班文尼斯特……

列维-斯特劳斯：……我论文答辩的时候他还是评审之一，还有介绍我进高等学院的杜梅泽尔。

新入选的教授第一次参加教授大会的时候肯定会碰到问题。会上有人介绍新教授，全体起立，对他表示欢迎，请他入座。桌边坐着五十个人，新教授急切地找空的座位。梅洛-庞蒂提醒过我，要带份会议厅的平面图，这样我就直接走到他坐的位置上，他会给我留个空位。最后我坐在他和班文尼斯特之间。

埃里蓬：和在巴西时相比，您跟布罗代尔更熟？

列维-斯特劳斯：他身兼数职，工作很投入。我和他只在学院的大会上见面，平时见不到。唯一的例外是他当上了我所在的高等学院六系的主席的时候。

埃里蓬：你们相处得好吗？

列维-斯特劳斯：布罗代尔人非常好，感受力强，十分慷慨。在重要的场合，可以完全信任他，但他又喜欢主宰全场，忍不住要嘲笑别人，有时候他说的话让人受伤。当然，只要他愿意，他也会施展魅力，还真挺有魅力的。

第五章 数字"8"的奥秘

埃里蓬：您能不能明确一点：布罗代尔当上了高等学院六系的主席，但您在五系。您和他怎么会碰到的？

列维–斯特劳斯：我同时属于两个系，其实我是先入第六系后才去的五系。当时我的教职不明确，我现在也说不清楚了。反正我记得从1949年起，吕西安·费夫尔就请我去讲课。

埃里蓬：您进了五系之后，还保留了六系的职位？

列维–斯特劳斯：是的，因为当时的行政规则很灵活。六系系主任一个人说了算，就像开明君主制。

埃里蓬：您入选法兰西学院后继续在两个系任职？

列维–斯特劳斯：我在五系继续工作了几年，在六系待的时间更久，现在六系成了高等社科学院，我在"高社"一直待到退休，不用授课。我的职位是社会人类学实验室主任，实验室同时归法国国家科学研究院、法兰西学院和高等学院领导。

埃里蓬：您进了学院后，马上成立了这个实验室，实验室越来越成气候。

列维–斯特劳斯：刚开始时，实验室在耶那大道集美博物馆的副楼里办公，这幢楼以前是埃米尔·集美的私人别墅。我和三四个同事挤在一间洗手间改造的房间里，那里铺着瓷砖的墙上还露出水管，我脚下的地方以前摆着浴缸，还留下了痕迹。房间极窄小，走路都困难。我在走廊上摆了两张破旧的花园椅接待访客。

埃里蓬：您是怎么找到集美博物馆副楼的呢？

列维-斯特劳斯：集美博物馆把这幢楼交给五系，用来成立宗教研究中心，现在中心还在。五系大发慈悲，给我刚成立的实验室分了两个房间。比较大的那个房间被我们用来装Human Relations Area Files，这庞然大物是耶鲁大学为美国政府创办的文档工具，一份二十五式。联合国教科文组织拿到一套，送给法国，条件是文档必须公开，供所有欧洲学者查阅。几番折腾后，文档就到了我们手里。

埃里蓬：您就是那时起开始从事新的活动，领导团队和实验室等。

列维-斯特劳斯：我除了做严格意义上的科研和学术工作外，一直做行政工作。别忘了，我上大学的时候，就在政治党派当过秘书，后来又当了议员的秘书。再后来，在纽约当过高等自由学院的秘书长、大使馆的文化顾问。在人类博物馆的时候，我也做过行政工作，在国际社会科学理事会做的也是行政工作。

埃里蓬：您之所以成立这个实验室是因为您认为人类学的研究工作应当是团队工作，而不是一个人埋头研究吗？

列维-斯特劳斯：不是的，我自己的研究工作都是我一

第五章 数字"8"的奥秘

个人构思和完成的。我能拿到办公场地和经费，可以给年轻的学者创造更好的工作条件。除了要依赖秘书采购书、使用复印机这些杂务，做实验室主任感觉还不错。

埃里蓬：您实验室里都有哪些人？

列维-斯特劳斯：刚开始的时候有伊萨克·希瓦和让·普永。再后来，有吕西安·塞巴格、皮埃尔·克拉斯特、罗贝尔·若兰、弗朗索瓦丝·伊扎和米歇尔·伊扎……有些人从我进了人类博物馆以后就跟着我。比如鲁西安·贝诺，他还当上了学院的教授。

吕西安·费夫尔让我主持一项专题研究，经费是联合国教科文组织给的，研究对象是一个法国村庄——我记得这是人类学方向第一个专题研究。研究成果收录在书里：《诺威勒，一个法国村长》，是《人类学研究院成果和回忆录》系列里的。希瓦也拿了教科文的经费在科西嘉岛做专题研究。我俩就是从那时起开始合作的，合作了很久，一直到我退休。我本人和实验室都欠他很多。

埃里蓬：您创建实验室后不久，还办了本期刊，就叫《人》。

列维-斯特劳斯：法国居然没有像美国的 *American Anthropologist*、英国的 *Man* 这样的人类学期刊，这让我很震惊。所以我办了《人》（刚创刊的时候还有家男士时尚杂志说这个标题已经被他们注册了，我还去找了律师），我想把《人》办成法国人类学的刊物，而不是某个小团体的刊物。请编辑的时候，我们马上就找了不属于我们实验室的人类学家。

埃里蓬：您请来了班文尼斯特和皮埃尔·库鲁。

列维-斯特劳斯：我觉得刊物要体现法国人类学研究的特色，也就是人类学和人类地理学的渊源，像维达尔·布拉什[①]的学术传统就充分体现了这一点。比如皮埃尔·顾路的成名作《红河三角洲的农民》，既是人类学著作，也具有地理和历史学价值。至于邀请班文尼斯特，是为了向语言学，尤其是结构语言学致敬，因为他是法国结构语言学的代表性人物，而结构人类学离不开结构语言学。再加上班文尼斯特对印欧区域内的亲属关系也做过很多思考，我觉得和他有共同语言，虽然对同一组事实我和他的解读不一样。但我们再加上班文尼斯特和顾路，这阵容算得上是"法兰西学院俱乐部"。但《人》想要代表法国人类学界，还得增强实力，所以我们请来了安德烈·勒儒瓦-库尔汉、乔治-亨利·利威尔还有安德烈-乔治·奥德里库尔。

埃里蓬：勒儒瓦-库尔汉那时候还没有进法兰西学院。

[①] 维达尔·布拉什（1845—1918），法国地理学家。

列维-斯特劳斯：他是1969年进的，取代退休的杜梅泽尔。

埃里蓬：您为什么没有请历史学家来做编辑？

列维-斯特劳斯：情况比较微妙。1960年，人类学和历史学两门学科已经走得很近了，但处在竞争的位置，争相获得公众的关注。我怀疑历史学家不愿意参与一本非历史学期刊的编辑。不过，自从人类学、历史学变成主流学科后，这种竞争的局面就结束了。

埃里蓬：说到奥德里库尔，您可能读过他刚出版的回忆录。他提到了您和勒儒瓦-库尔汉，说您对他俩都特别"友好"，还说："至于列维-斯特劳斯，他的哲学素养让我觉得他深不可测。我曾和乔治·格拉奈批评他把语言学的结构和其他结构联系在一起，他没有理会我们的批评[1]……"

列维-斯特劳斯：我在《结构人类学》里回应了他的批评，其实我一直很尊重奥德里库尔。他很有城府，也很有卓见，在语言学研究中运用了技术史和植物学的知识。他有很多真知灼见。

埃里蓬：安德烈·勒儒瓦-库尔汉也在一本访谈类的书

---

[1]《脚踏实地》，安德烈-乔治·奥德里库尔与帕斯卡尔·迪比耶著，1987年梅塔利出版社出版。——原注

里提到了和您的关系。他说："列维-斯特劳斯和我是截然相反的两极，但我们这相反的两极最终还是连到了一起。二十年前，我们以为彼此很不同，属于水火不容的两个世界，这样的情况维持了好几年。我渐渐地理解了他想要的，他也理解了我想要的。经历了相互猜疑后，我们萌生了友谊。或许我一直沉浸在过去，要是今天还有人研究史前人的话，足以取代我。但也不排除我选择和克洛德·列维-斯特劳斯相同的历程，他是在空间里走的，我是在时间里走的。但我做这样的选择并不是为了逃避现实，因为我从十二岁起就是这样的脾性。①"您赞成他说的话吗？

列维-斯特劳斯：基本赞成。几个月前，他的学生给他办了个研讨会来纪念他，还请我去发言。我说，我俩的关系中有矛盾的地方，一方面，虽然相识多年，但其中大部分时间我俩只是泛泛之交；另一方面我和他的看法以及思考问题的方法有很多共同点。我列举了我们两人的文本，共同点之多让人惊讶。我们各自的研究都是旨在总结出不变量。

埃里蓬：所以您也认为他在时间上的历程和您在空间上的历程是一样的？

---

① 《世界的根源》第109页，安德烈·勒儒瓦-库尔汉著，《克洛德-亨利·洛克访谈集》，1982年贝勒丰出版社出版。——原注

第五章 数字"8"的奥秘

列维-斯特劳斯：他在空间上走的历程也是一样的，他研究的是史前人。甚至从您的角度出发，我都能列举出我俩的相似之处。他的作品中一直有这样一个观点：工具和广义上科学用具的发展不受人类历史的影响，似乎与人类的不同发展阶段无关，这和我对于神话的看法很相近。不幸的是，法国人类学家有前人遗传的老毛病：互相猜忌。人人怀着嫉妒心牢牢地占据自己的专业领域，很长的一段时间里，勒儒瓦-库尔汉对我都怀有戒心……

埃里蓬：他研究的是史前社会，很大一部分工作和人类学相关。

列维-斯特劳斯：他一直认为二者密不可分。勒儒瓦-库尔汉、路易·杜蒙和我本人还有一些人虽然所处领域不同，但研究内容相近，假如我们之间的关系没那么僵，法国人类学的实力和影响力会比今天更大——不过，我们对现状也没什么好抱怨的，希望后人能吸取教训。

埃里蓬：他说您选择人类学是为了逃避现实，您怎么看？

列维-斯特劳斯：不光是我，还有好几个人类学家，都在人类学研究中找到了逃避现实的净土，因为我们身处的世纪，所属的文明让我们感到不适。当然并非所有的人类学家都这么想。比如，玛格丽特·米德，她在自己的社会和所处的时代中感到孤独，她想为同代人做贡献。如果出于策略为了"政治正确"，我也表示过相似的立场，那也是随口说的。

埃里蓬：在您看来，人类学不能做出贡献吗？

列维-斯特劳斯：我不是说人类学没有贡献，但我研究人类学不是为了做贡献，而且人类学带给我的满足感也与贡献无关。

埃里蓬：《人》是1961年创刊的，您现在还管吗？

列维-斯特劳斯：我已经不掺和了。别忘了，我这一代人类学家已经有了一代或两代传人。《人》想继续代表法国人类学的话，就需要更年轻的人类学家挑起大梁。我已经不管事了，不过偶尔还发表文章和摘要。让·普永接任期刊的主编，他很有才华，也很投入。

第六章
结构主义在巴黎

埃里蓬：1958年，就在您入选法兰西学院前一年，您出版了《结构人类学》①，书中收录了您1945年以来发表的文章。

列维–斯特劳斯：我早就想出版这本书了，在写《忧郁的热带》前，我给伽利玛出版社看了书稿，确切地说是书稿的提纲。接待我的是布利斯·帕兰，他拒绝了我的写作方案，对我说："您的思想还不成熟。"《忧郁的热带》出版后，加斯东·伽利玛卖力讨好我，想让我回他们出版社出书，但我已经和普隆出版社谈好，此后我一直在普隆出书。

埃里蓬：几年后，布利斯·帕兰又拒绝出版《文明与

---

① 《结构人类学》，1958年普隆出版社出版。——原注

疯癫》①，您知道吗？

列维-斯特劳斯： 不知道，知道后心里更好受了。

埃里蓬： 书的标题很响亮，是否概括了您的研究方法？

列维-斯特劳斯： 对我来说，书的标题顺理成章。我对语言学家运用结构主义的研究方法很有共鸣。别忘了，当时的结构主义和现在风行学术界的结构主义不一样。我只是单纯地想在学术上向索绪尔、特鲁别茨柯依、雅各布森、班文尼斯特看齐，至少以此为目标。

埃里蓬： 至少这本书的标题很响亮。

列维-斯特劳斯： 喜忧参半。

埃里蓬： 您后悔选了这个标题吗？

列维-斯特劳斯： 一点都不后悔。但结构主义流行后，造成很多烦人的后果。"结构主义"这个词被滥用，用在不恰当、甚至是可笑的地方，这我就无能为力了。

埃里蓬： 您怎么挑选收录到书里的文章？您有不少文章没被挑中，比如1951年发表在《现代》的关于《被折磨的圣诞老人》的文章。

列维-斯特劳斯： 我挑的文章思想深度相当，存在同一性。您列举的这篇文章思想太浅，更适合杂志，收录这样

---

① 《文明与疯癫》，米歇尔·福柯的博士论文和成名作。——原注

的文章会破坏整本书的水准，但这并不代表我不喜欢这篇文章了。

埃里蓬： 您常说不喜欢引发争议。但《结构人类学》里有篇文章从头到尾争议都挺大的①。

列维-斯特劳斯： 当时我比现在年轻，受打击后很快就站起来了。抨击、批评的声音很激烈，我都听到了。现在我年纪大了，没那么容易激动了。再者，关于我的书和文章不少——很多都是批评我的，假如我全心全意地和批评我的人笔战的话，什么都做不了。

埃里蓬： 您会读批评您的文章吗？

列维-斯特劳斯： 偶然读过，因为用挑衅的语气评论我的作者——主要是英国人和美国人，不会给我寄他们写的书。我之所以会发现这些书，是因为专业期刊里提到了，或者书都出版了两三年我才发现。再去读这样的书，并且反驳，感觉像炒冷饭。

埃里蓬： 读和您有关的文章有什么感受？

列维-斯特劳斯： 读到批评我的文章会生气，因为我想纠正事实的错误，消除误会。但让我生气的不是作者说的话，而是作者的用心，想通过批评我，让我回应他，从而

---

① 《结构人类学》第十六章。——原注

打断我的工作。气头过后，我就平静了，我知道自己没法说服作者。有时，作者的错误很明显，用心很险恶，我不得不制止。但这有用吗？我越来越搞不明白了。

埃里蓬：在《结构人类学》中，批评古尔维奇①、洛丁森②和何维勒③的文章是为了出版这本书特地写的？

列维-斯特劳斯：我在纽约的高等教育自由学院就认识了古尔维奇，他也在那里教书。一开始，我们关系挺好的，当时他要出版一本题为《二十世纪社会学》④的合集，让我写关于法国社会学的章节。

埃里蓬：您在您写的这一章里提到了他吗？

列维-斯特劳斯：当然提了，我花了好大力气才看懂他的书，他说我写文章对他的解读最精准不过。

埃里蓬：当时他是社会学界最有权威的学者吗？

列维-斯特劳斯：没他自己想象的那么有权威。

埃里蓬：但他权力不小啊！

列维-斯特劳斯：他当上了索邦的教授。他为人急躁，非常易怒，近乎病态，有时反应过激，让周围的人都很害

---

① 乔治·古尔维奇（1894—1965），法国社会学家。
② 马克西姆·洛丁森（1915—2004），法国语言学家、历史学家、社会学家。
③ 让-弗朗索瓦·何维勒（1924—2006），法国哲学家、作家。
④ 《二十世纪社会学》，由G.古尔维奇和W.E.摩尔主编，1947年法国大学出版社出版。——原注

第六章　结构主义在巴黎

怕。他易结怨，怀恨在心很久，何况他一直深信自己彻底改变了社会学。古尔维奇的贡献不可低估，但没他自己想象的这么大。

埃里蓬：他写了文章批评您①，您在《结构人类学》的第十六章里做出了回应。

列维-斯特劳斯：完全没想到他会抨击我。我一直以为我和他相互理解，甚至算得上是朋友。其实我早该料到：他让我给他主编的马塞尔·莫斯作品选写引言时，他就刻意表明与我的距离。显然，他并不喜欢我写的前言。读后在样稿上补充了一段简短的文字，表示不赞成我文中的观点。我和他的关系就是从那时候起恶化的。②

埃里蓬：1958年您在书中反驳了古尔维奇，他如何回应？

列维-斯特劳斯：我和他再也没有见面。

埃里蓬：在同一本书中，您对让-弗朗索瓦·何维勒在《哲学家何谓》③一书中对您的评论做出了回应。那本书是1957年出版的，作者花了整整一章来讨论您的思想，这说明您的知名度不再限于学术圈。

---

① 发表在《国际社会学手册》1955年第19期，题为《社会结构的概念》。——原注
② 《社会学与人类学》，马塞尔·莫斯主编，克洛德·列维-斯特劳斯撰写引言，乔治·古尔维奇撰写前言，1950年法国大学出版社出版。——原注
③ 《哲学家何谓》，1957年朱利亚尔出版社出版。——原注

列维−斯特劳斯： 准确地说，我是在出版了《结构人类学》之后才有公共知名度的。这倒不是因为这本书在公众中有影响力，而是因为书引起了哲学家、社会学家、历史学家的关注，受到了他们的评论……

＊
＊　＊

埃里蓬： 接下来，1962年，您出版了《当代图腾制》和《原始人的心智》①，您的研究也由此开始了新的起点。

列维−斯特劳斯： 我觉得新起点来得比这要早，可以追溯到我入选高等学院五系的时候。五系研究的是宗教科学，在进五系前，我只研究过婚姻法则和亲属关系的系统，宗教科学要求我立即转变研究思路。从这个角度看，您说得对，1962年出版的这两本书对我而言意义非凡，因为这象征着我的学术生涯迈入了第二个阶段，也是最长的阶段，我开始研究宗教的表征。从某种意义上看，这两本书是《神话学》的预告。

埃里蓬： 您出版的这两本书都是否认型的文本，恕我直言，您做的是减法。

---

① 《原始人的心智》，克洛德·列维−斯特劳斯著，1962年普隆出版社出版。——原注

第六章 结构主义在巴黎

列维-斯特劳斯：用"否认"这个词并不恰当，应该说是康德式的批评。关于人类学有很多误解，扭曲了对没有文字的文明中宗教的研究。这个课题我后来研究了好多年，首先要对它做出定义。

埃里蓬：《原始人的心智》出版后，结构主义开始流行……

列维-斯特劳斯：对我来说，这种现象是次要的，而且我从来没关心过结构主义有多流行。要是我当初趁结构主义流行炒作自己，我在当代思想史的地位会更高。但要炒作自己我就得哗众取宠，这不符合我的个性。

埃里蓬：但您的确给自己做了宣传！您接受了很多次采访，您没有拒绝采访，因为可以借机发出自己的声音。

列维-斯特劳斯：起初几年是的，后来我又躲回自己的壳里。

埃里蓬：整个六十年代和七十年代，结构主义被说成是风靡全球的思潮，说起结构主义，人们首先想到的思想家是：列维-斯特劳斯、福柯、拉康、巴特[①]……

列维-斯特劳斯：这个七拼八凑的名单毫无根据，我看到就生气。您列举的几个人毫无共同之处，要说有共同之

---

① 罗兰·巴特（1915—1980），法国文学家、社会学家、哲学家、符号学家。

处，那就是，这些人都善于伪装。我自己认为在学术上属于另一个派别：以班文尼斯特和杜梅泽尔为代表。我也认同让-皮埃尔·韦尔南①，还有和他一起从事研究的学者。福柯也不承认我和他有相似之处。他说得对。

埃里蓬：您和福柯的关系怎么样？

列维-斯特劳斯：在学院大会上我们见过，不过只是远远地打个招呼。弗朗索瓦·雅各布有一次邀请我俩共进晚餐，仅此而已。当然，我读过他的书，是他主动寄给我的。

他的作品中最打动我的是他的文笔——我还记得他在法兰西学院上的第一堂课，文采四溢，感情充沛。不过我不喜欢他的立论，他翻来覆去，变换语气说的无非是一回事：当心，凡事并非看见的那样，本质与表象恰好相反。简言之，福柯喜欢把看上去是黑的说成实质是白的，看上去是白的说成实质是黑色的。我当然能懂得作者的观点，但他的观点并不能带给我新的信息：在摄影中，底片不管是正片还是负片，信息量是一样的。

我还有种挥之不去的印象——我就不说明理由了，毕竟印象是超出我控制范围的——那就是，福柯在历史事件

---

① 让-皮埃尔·韦尔南（1914—2007），法国历史学家、人类学家。

第六章　结构主义在巴黎

的时间顺序上不太严谨。我感觉他早就知道自己想达到什么样的结论，然后再来找论据。我觉得一个研究思想史的学者这么做不妥当。或许我这么看是错误的，这个问题只能请教历史学家。

尽管如此，他还是有贡献的，因为他让一代人恢复了对哲学的信心。他说服了他的学生和读者，深受存在主义毒害的哲学可以走上新的开始，前提是以严格的方法，用哲学研究具象的课题。

埃里蓬：您就是受福柯的影响才找到研究课题的吗？

列维-斯特劳斯：当然不是了，我从来没有过要给哲学思想夯实基础的雄心壮志。从我个人的心路历程来看，当初我之所以放弃哲学，改投人类学，是因为如果人类想真正了解自己，就不能沉醉于自省，或者只研究某个社会——我们的西方社会，或者只回顾西方世界的几个世纪的历史。我想研究和西方文明差异最大、距离最远的文明。这和福柯的路子背道而驰，他只研究西方社会，虽然是在历史的语境下研究。

埃里蓬：那您和巴特的关系如何？几年前，您评论《S/Z》的文章再次出版。

列维-斯特劳斯：这篇文章我是当作笑话写的。我很讨厌《S/Z》。巴特的评论就像是穆勒和里布的《装模作样》①里的蜻蜓教授批评拉辛的剧作，所以我给他寄了这本书里有蜻蜓教授的那几页，自己再"添油加醋"了一下，有点开玩笑，否则无法脱身。巴特的书我真是不敢恭维。他挺较真的。有人想再版我这篇批评的文章。为什么不呢？我答应了。②

埃里蓬：您读过他的其他书吗？

列维-斯特劳斯：当然读过，但思想上我从来没觉得和他有相近之处，后来他走的路子更让我确信了这一点。巴特后来的学说和他以前的学说自相矛盾，我深信，这并非他本意。

埃里蓬：那么拉康呢？您和他很熟。

列维-斯特劳斯：我们曾是好朋友，持续了好几年。我和梅洛-庞蒂夫妇常去吉特郎谷③吃饭，拉康在那里有套房子。我和妻子想去乡下找套房子以便退休以后住的时候，拉康刚买了辆DS④，整天开。我们和拉康夫妇四个人开车出去玩，非常开心。到了一个小镇上，进了一间破旧的宾

---

① 《装模作样》是保罗·里布和查理·穆勒写的幽默文集，两位作者改编了多位文学大师的经典著作。
② 文章发表在"思想-伽利玛"丛书《克洛德·列维-斯特劳斯》一书的结尾。1979年出版。——原注
③ 吉特郎谷，法兰西岛大区伊夫林省的市镇，巴黎远郊。
④ DS，法国雪铁龙公司推出的高档轿车。

第六章　结构主义在巴黎

馆，拉康摆出一副帝王的派头，要求前台在固定的时间给他放洗澡水的样子真是值得一看！

我们不怎么聊精神分析或者哲学，反倒是爱谈艺术和文学。拉康学识渊博，收藏油画和艺术品，我们聊天的时候也会讲到。

埃里蓬：您开始在高等学院五系讲课的时候，拉康也刚开始办他著名的"讲座"。您去听了吗？

列维–斯特劳斯：后来去了，只去了一次，那是他第一次在乌尔母路①办讲座的时候。后来，他被巴黎高师赶出去了，虽然我觉得都是他的错，但我还是去找布罗代尔求情，让拉康进高等学院。

埃里蓬：您怎么评价拉康的研究成果？

列维–斯特劳斯：要评价，先要理解。我一直觉得，怎样算"理解"拉康的作品，拉康的狂热支持者和我的看法不一样。他的书我读了五六遍才懂，梅洛–庞蒂有时会和我讲起拉康的书，也表示没时间反复读。

埃里蓬：但您引用过拉康的书……

列维–斯特劳斯：只引用过一次，出于朋友的情面。

埃里蓬：虽然他是您的朋友，但您不喜欢和他混为一

---

① 乌尔母路，指巴黎高等师范学校。

谈，被奉为"结构主义"的大师。

列维-斯特劳斯： 这我承认，但是，当时的拉康已经成了江湖骗子，我和他也渐行渐远。

埃里蓬： 伊丽莎白·洛蒂奈丝珂在她的《精神分析史》①中表示，拉康一直痛恨自己没有大学教职，尤其懊悔没有入选法兰西学院……

列维-斯特劳斯： 他自己从没提过，但他可能真的懊悔吧！

埃里蓬： 您从没想过要提名他做法兰西学院的教授吗？

列维-斯特劳斯： 从没想过，而且我刚说过，他自己从来没暗示过，也没有当着我的面向梅洛-庞蒂提过。

---

① 《百年战争》第2卷，伊丽莎白·洛蒂奈丝珂著，1986年瑟伊出版社出版。——原注

第七章
在法兰西学院的日子

埃里蓬：法兰西学院的地位很高，是大学学术生涯的顶峰。但您有一天说过，您从没在传统意义上的大学任职。

列维-斯特劳斯：法兰西学院的确地位显赫，但自从弗朗索瓦一世①创立法兰西学院以来，学院一直独立于大学体系。我在巴西和美国都教过书，回法国后在高等学院授课，但从没在大学②里待过。

埃里蓬：在非传统意义上的大学的高校里工作有什么优势？

列维-斯特劳斯：更自由，而且从某种意义上说，非大学的高校更愿意迁就自由散漫的教授。我对定时定向的

---

① 弗朗索瓦一世（1494—1547），文艺复兴时期的法国国王，大兴文教，曾邀请达·芬奇等文化名人来法国。
② 法国高等教育分为面向精英的学院和更亲民的大学。

工作义务十分反感，比如，在大学里工作就要遵守教学大纲、给学生组织考试、当论文答辩的评审（有时我自己也逃不掉）。学院的教授只要遵守一条规则：每年讲一个新课题。我觉得这样的限制完全可以接受。

埃里蓬： 自由让您文思泉涌，因为您的课堂讲义经常收集成册出版，在《人类学讲演集》的前言里您也提到了这一点。

列维–斯特劳斯： 我进了学院后，教学和写作就融为了一体。当然书的文本和讲义形式不同，但学院的课堂成了我的实验室。

埃里蓬： 您从1960年到1982年在学院讲课。这么长一段时间里，有什么令您印象深刻的事？

列维–斯特劳斯： 最重大的事件莫过于在学院的楼里成立了社会人类学实验室。

我还记得，1959年，我还是候选人的时候来到学院，接待我的是地质学的讲席教授。他的实验室在学院楼的最高层，那是十八世纪末夏尔格朗设计的一幢楼的侧翼。楼里除了教授的办公室和阁楼外，还有两间大教室，只有几个人坐在宽大的橡木桌前办公。墙边点缀着壁柱，靠墙摆着有半人高的桃心木小柜子，风格简洁，但设计和规格极为精巧，肯定是摄政王朝时代的上乘家具，今天我们把这

第七章 在法兰西学院的日子

种柜子叫作"办公柜"。有人告诉我，柜子里放的是路易十八国王收藏的矿石。

地质学的讲席教授好像是支持法国王室复辟的。或许正因为如此，他喜欢自己的实验室古色古香，有旧朝气息。比如，他的大办公室里，有一座亨利四世的半身像，雕像按1∶1的比例做的，黑大理石材质，教授抬起头就可以看到。窗外是百年古树的枝叶。

我对这间办公室一见倾心，心想，再也找不到比这里更适合消磨时光的地方了：宽敞、安静、私密，原汁原味地保留了十九世纪的氛围。我心目中的法兰西学院就该这样：克洛德·贝尔纳[①]和欧内斯特·勒南[②]等文化名流云集的殿堂。

机缘巧合，地中海地质学的讲席教授退休之后没有找到替补。教授大会决定取消这个地中海地质学讲席，设立一个新的天文学讲席。原先的地质学实验室虽然在大楼顶层，但要改造成天文学办公室，还是距星空太远了！马塞尔·巴塔永当时担任学院主管，他提出把人类学安排到这间办公室，教授大会上通过了这个提议。真是个奇迹，我

[①] 克洛德·贝尔纳（1813—1878），法国生理学家。
[②] 欧内斯特·勒南（1823—1892），法国哲学家、作家，研究中东古代语言文明。

第一次来的时候就想要这间办公室，心愿居然实现了！

我们最初被临时安置在耶那大道和埃米尔·集美的旧宅。搬走时，为了更快地在新办公室安顿下来，我们把珍贵的桃心木家具和矿石藏品送到了马塞兰·贝特洛①捐给学院的城堡里，城堡在默东②。我们把自己的藏书放在两间大教室里，剩下的一个房间给了"比较人类学资料中心"（我们给耶鲁大学送的两百万件卷宗起的名字）。有点挤，尤其是在顶楼的阁楼，我们做成了小隔间办公。在公用的房间里，打字机和谈话的噪音不断，无法工作。但我没有动地质学教授的办公室，他的古董书架和漆成橡木纹理的木质家具都是艺术品，为了保养家具还花了钱。不过我们花钱装修办公室也很有必要：这里上一次刷墙已经是八十年前的事了。

埃里蓬：人类学实验室还在学院"旧址"，您讲过课的地方。

列维−斯特劳斯：是的，只是我们不久就遇到了困难。实验室的技术人员和科研人员加起来有三十多个。办公室空间不够，实验室有半数的研究员得在家办公，或者等运

---

① 马塞兰·贝特洛（1827—1907），法国化学家，曾出任法国文化部部长和外交部部长。
② 默东，法兰西岛大区上塞纳省的市镇。

气好，有公务的同事出差了，到他的办公室待几个月。我们的藏书越来越多，不知道放在哪里好。更何况我们订阅了耶鲁的文档，耶鲁大学邮寄一批文件过来有几公斤重。放书的箱子堆起来已经有一个人那么高了，再往上放新的箱子怕是要压坏本来就有些年头的地板。没拆过的包裹摆得到处都是。虽然实验室有人错误地认为卷宗的文件没用，但其实它堪比一座图书馆：由上千本书、上千篇论文组成，每页甚至每行都有编号，事无巨细地复印下来。在我们的努力下，这批珍贵的文档一直对外开放，但要查阅文件越来越难了。

但事情突然峰回路转。1977年，共和国总统把圣女日南斐法山①上综合理工学院旧校址的一幢楼给了学院。学院决定把包括我们的实验室在内的社科实验室安排到那幢楼，我们的办公面积一下子翻了一番。我们足足等了七年才拿到翻修实验室的经费，但在1982年退休前，我还是有幸亲自监督办公室翻修。新办公室同样富有历史气息，装修中，我考虑了铸铁建筑的特点，特别注重阿拉戈圆形厅的装修，我们用圆形厅做图书馆，围绕圆形厅分布的房间做办公室。

---

① 圣女日南斐法山，位于巴黎五区，塞纳河左岸。

非洲社会比较学的讲席教授弗朗索瓦丝·埃里捷-奥热在我退休后当上了实验室主任。1985年，她搬进了新办公室。实验室的队伍越来越壮大，她希望我继续做实验室的一个成员。1960年成立的社会人类学实验室迎来了第三春。

埃里蓬： 您从讲席教授的位子上退休之后，没有继续在人类学实验室担任领导职务吗？

列维-斯特劳斯： 当然没有！恰恰相反，我处处小心，让自己和实验室普通成员没有两样，甚至（现在退休了）比他们更低调。我年轻的时候见过很多退休后还争强好胜的人，那时我就下决心，要引以为戒。但如果有人征求我的建议的话，我还是乐意给的。

埃里蓬： 您的实验室（当时的确是"您的"实验室）在"68年"五月风暴时是怎么撑过来的？

列维-斯特劳斯： 法兰西学院也受到了冲击，虽然没发生什么大事。法兰西学院是个特例。从体制上看，它更像学院，而不是大学：学院事务由五十多位教授自主管理。学院的教授甚至有自己的制服，只不过我从来没穿过，这也显示了学院不同于普通的高等院校：学院教授不穿大学教授那种长袍，而是和法兰西研究院一样的制服，唯一的区别是刺绣装饰是紫色的。

第七章 在法兰西学院的日子

不过，学院的工作条件就不一样了，尤其是对科学家来说。他们需要更多的研究员，主要在学院以外找，比如法国国家科学研究中心。科学家组建实验室，研究团队规模越来越大。六十年代，学院除了聘请了教授以外，还雇佣了上千位不同层次的研究员，他们也想享有发言权，参与学院管理，成为学院的正式成员。但假如这样的话，学院的性质就变了。

埃里蓬：您的团队也碰到这样的问题了吗？

列维-斯特劳斯：社会人类学实验室思想上是"左派"的，积极参与女权运动：我们实验室的女性比男性多。有人挑衅我的时候，我就找个借口避开，让实验室的人自己吵。他们吵了八九天，又把我请回去了。

埃里蓬：雷蒙·阿隆在他的《回忆录》中引用了您1968年10月给他写的一封信[①]。您在信中评论了当时大学的状态，还顺带提到了您的实验室和实验室的管理方针——"不论工作性质和职位高低，一视同仁。"

列维-斯特劳斯：正是有了这样的工作方法，我们才度过了五月风暴的危机。起初，实验室规模小，我觉得没必要设立专门的管理机构。我们实验室全体成员定期开会，

[①] 《回忆录》第494页，雷蒙·阿隆著，1983年朱利亚尔出版社出版。
　　——原注

全员参加，包括清洁女工在内，所有人都平起平坐。我们奉行直接民主。我们实验室的人还能提什么诉求呢？直到我离开实验室前，这种管理方法都很有效，人人都满意。虽然法国国家科学研究中心制定了更复杂的管理规则，但我们实验室并不采纳。

埃里蓬：在1968年的动荡中，有没有人质疑您作为研究人员的资历？

列维-斯特劳斯：自始至终都没有。

埃里蓬：有女权活动人士质疑您吗？

列维-斯特劳斯：实验室里有一两位女性挺激动的，被我们请走了，其他人都赞成。

埃里蓬：在这段时间里，您和学院的其他教授关系如何？

列维-斯特劳斯：学院教授的立场更复杂，因为所谓的"科学家"和其他教授态度不同。像物理学家、生物学家这样的科学家离开实验室就没法研究，而我这样的"文科"实验室主任就不一样了：哪怕我的实验室一夜之间消失了，我的工作也不会或基本不会受影响。我个人赞成把学院和实验室分开：一方面，学院保持原样，由五十位教授组成；另一方面，实验室由实验室成员自主管理，学院无须干涉，除非实验室的主任是学院教授，学院给实验室派发经费，或者

第七章　在法兰西学院的日子

学院向实验室研究员提供住宿。

埃里蓬：除此之外，您是如何度过"68年"的五月风暴的？

列维-斯特劳斯：我在被占领的索邦校园散步，以人类学家的视角审视眼前的一切。我还和朋友参加了几个讨论组，在我家开了一两次会。

埃里蓬：在五月风暴一连串事件中，您没有表达自己的立场吗？

列维-斯特劳斯：没有。一开始发生了点有趣的事，满足好奇心之后，我对五月风暴非常反感。

埃里蓬：为什么？

列维-斯特劳斯：因为看到有人把树（树是有生命的，值得尊重）砍了，做成栏杆；公共场所是公有财产，人人有责，有人却把它变成了垃圾场；有人在大学的教学楼上或其他地方任意涂鸦，这都让我无法容忍。我也受不了人们扼杀言论自由、扼杀理性，让大学的教研和管理陷入瘫痪。

埃里蓬：但五月风暴同时也是生机勃勃的年代，激发了创新精神和想象力……您不喜欢五月风暴的这一面吗？

列维-斯特劳斯：很遗憾，让您失望了，我一点都不喜欢。在我看来，法国的大学早就在走下坡路了，五月风暴不过是其中的一步。我读高中的时候就觉得，包括我在内的这代人完全比不上伯格森、普鲁斯特、涂尔干那一代年轻的时候。我觉得，五月风暴没有毁掉法国大学，相反，五月风暴是法国大学自我毁灭所造成的结果。

埃里蓬：您反对五月风暴，这和您年轻从政时对待学生运动的态度不是一百八十度大转弯吗？

列维–斯特劳斯：我态度的转变早有迹象，在《忧郁的热带》最后几页里可以找到。我记得，我曾努力和过去的政治和意识形态立场保持一致。我重读那几页书的时候，觉得自己言不由衷。想来我早已彻头彻尾地改变了自己的立场。

埃里蓬：我刚才提到，您曾给雷蒙·阿隆写信。您和他是怎么认识的？

列维–斯特劳斯：我不记得了，肯定是战后认识的。以前，不伦瑞克周日上午在家里办聚会，我去过一两次，或许在聚会上见过他。

埃里蓬：既然您给他写过信，和他的关系应该不错。

列维–斯特劳斯：我们彼此欣赏，但算不上密友。我们互相写过几封信，我手里应该还有几封他写的信。

埃里蓬：有句话很有名，您肯定知道，"宁可跟着萨特错，不愿跟着阿隆对。"您属于"愿意跟着阿隆对"的人吗？

列维-斯特劳斯： 毫无疑问。

埃里蓬： 雷蒙·阿隆去世后，您说他是个"正直的人[①]"。您关注他的分析吗？

列维-斯特劳斯： 我并没有定期找他的文章读，偶然看到时会赞叹他思路清晰、推理细腻。

埃里蓬： 我们这次访谈中，您说阿隆是萨特的对立面，而且说萨特是"谬误"的。

列维-斯特劳斯： 是的，萨特当然是错的，但萨特是个天才，而阿隆并非天才。萨特实在是鹤立鸡群，文学造诣高，能驾驭不同的类型。尽管如此，萨特的例子证明虽然他才学过人，但不该妄自预测历史，甚至试图主宰历史，最终弄巧成拙了。像萨特这样的聪明人也只能和阿隆一样，在历史沉淀后试图理解历史。创造历史光凭聪明是不够的。

[①] 《新观察家》，1983年10月21日号，第96—97页。——原注

第八章
绿 袍

埃里蓬：1973年，您入选法兰西学术院。在阿兰·佩雷菲特①也成为穹顶殿堂②的一员时，您是这么回答他③的，您说"从未想过"要进法兰西学术院。那您是怎么入选的呢？

列维-斯特劳斯：几年前就有人时不时给我暗示，我起初并没有当真。第一个和我谈进法兰西学术院的是安德烈·尚森④。我和他算是旧相识了。1928年到1930年，他在波旁宫⑤是激进政党的秘书长。他隔壁是社会党秘书长德

---

① 阿兰·佩雷菲特（1925—1999），法国作家、外交官。
② 穹顶殿堂，指法兰西学术院。
③ 《阿兰·佩雷菲特入选法兰西学术院讲话与克洛德·列维-斯特劳斯的回答》第57页，1977年伽利玛出版社出版。——原注
④ 安德烈·尚森（1900—1983），法国历史学家、小说家。
⑤ 波旁宫，指法国国民议会。

第八章 绿袍

亚的办公室，我常去那里。在塞文山，德亚家的别墅距我父母家只有三四公里。1940年停战后，我俩都在塞文山休养生息，一起散步，谈论时事。战后我们的关系也没变。那时候尚森就说我会进法兰西学术院，我觉得他只是出于好心随口说说，并没有在意。

后来又出现了一位和我一点都不熟的大人物：弗拉迪米尔·端木松①，他给我写过一两封信。我照旧不理会。最后，蒙泰朗②去世后，让·端木松③安排我和莫里斯·德吕翁见面。我本就欣赏端木松的才华，和他共事也很愉快（我在联合国教科文组织国际社会科学理事会工作时，常接触国际哲学和社会科学理事会，端木松今天还担任理事会秘书长）。两人都说：时间成熟了，要把握机遇。在他们的坚持下，我去见了法兰西学术院当时的常驻秘书长莫里斯·热纳瓦，他也鼓励我。于是我在出发去英属哥伦比亚前一天寄了申请书。

埃里蓬：您是唯一的候选人。

列维-斯特劳斯：另一个候选人退出了。

埃里蓬：所以您很顺利地当选了。

---

① 弗拉迪米尔·端木松（1888—1973），法国作家、外交官。
② 亨利·德·蒙泰朗（1895—1972），法国散文家、小说家和剧作家。
③ 让·端木松（1925—　），弗拉迪米尔·端木松的侄子，法国作家。

列维-斯特劳斯：是的，但我并没有感觉自己赢了！我虽然在第一轮投票就入选，但赞成票只比反对票多了一票！

埃里蓬：您的亲友对此做何反应？

列维-斯特劳斯：他们很不高兴。我的妻子和儿子没有生气，但是我的同事、朋友都表示不解，觉得我背叛了他们。他们把法兰西学术院想象成一个神殿，以为我和他们会就此分道扬镳，再也不理他们了。

埃里蓬：我猜测，这也是因为他们不喜欢法兰西学术院……

列维-斯特劳斯：是的，我觉得这有点幼稚，但我很在乎他们，所以向他们说明了情况。我入选法兰西学术院时发表了讲话，开场白中比较了印第安人的仪式和我们当代社会的仪式，就是讲给他们听的。阿隆也在场，他对我说："您的演讲很出色，但您用力过度了，这种事情所有人都会预料得到。"他不知道的是，其实我并不是讲给法兰西学术院或者大众听，而是讲给我的同事和下属听。我告诉他们：我一辈子都研究遥远的文明和民族的仪式，没有理由不重视我自己出生和生活的社会里的仪式。既然我是说给人类学家听的，就得论证得缜密些。

埃里蓬：可以这样反驳您——欣赏某家机构、观察它的运行方式并且研究是一回事，但加入它是另一回事。

第八章 绿袍

列维-斯特劳斯：或许吧，但既然它来邀请你，是因为它觉得你能够为它做贡献，哪怕是微小的贡献。不承认这一点是虚伪的。不管你是否愿意，你要承担起责任，而不是袖手旁观。

我继承的是蒙泰朗的席位。他生前在法兰西学术院地位很高，死后依旧地位显赫，很难找到能和他比肩的继承人，所以法兰西学术院决定另辟蹊径。从来没有人类学家入选法兰西学术院？让人类学家进法兰西学术院这个新奇的选择本身比我本人进法兰西学术院更让人吃惊，这想法太高明了。

除了《少女》之外，我没怎么读过蒙泰朗的书，但我应该说点赞美他的话。我读了他所有的书，边读边做笔记，读的过程中，我对这位写下了《单身汉》和《沙土玫瑰》的作家、这位思想家产生了由衷的敬意，不管别人怎么评论他①。所以我觉得没什么好抬不起头的：不管是我的席位的前任，还是我进的这家有三个半世纪历史的机构，我想这样古老的机构足以让人肃然起敬。

埃里蓬：的确，在费尔南·布罗代尔接受学术院的佩剑仪式时，您在讲话中提到了学术院的悠久历史，值得赞

---

① 蒙特朗生前大力支持纳粹思想。

扬。您这么说是因为布罗代尔在场吗，还是真心赞美学术院悠久的历史？

列维–斯特劳斯： 我们不能低估仪式和古老传统的力量。维系一个社会要依靠全社会无条件遵从的价值观，为此要诉诸情感，防止理性的破坏。我在牛津和剑桥看到，人们依然尊重传统仪式，甚至在整个英国都是如此。法兰西学术院是法国仅存的、还具有古老仪式感的机构之一。无论是作为法国公民还是人类学家，我都有义务维护这样的仪式感，让它继续传承。

埃里蓬： 在您入选法兰西学术院的庆典上，发表演讲的是罗杰·凯卢瓦①。他的讲话中充满了对您的溢美之词，但到了结尾，忽然恶语嘲讽您。真是奇怪……

列维–斯特劳斯： 说来话长。旅居巴西期间，我就听说过不少凯卢瓦的逸事。因为外交部的"作品处"——也就是今天的"文化处"主管让·马尔克思特别赏识他。后来，马尔克斯和我都进了高等学院五系，他研究的是凯尔特人的宗教。马尔克斯对凯卢瓦赞不绝口，我一度以为他是外国人……

我和凯卢瓦第一次见面是在纽约，我那时在大使馆当

---

① 罗杰·凯卢瓦（1913—1978），法国社会学家、作家。

文化顾问。他在文化处办了个讲座，我负责接待他。他的讲座让我很反感，因为他花了很大的篇幅抨击超现实主义流派，而这个流派的人都是我的朋友，他还在讲座中呼吁在学术和道德上"回归秩序"。

此后我们再没见面。我在联合国教科文组织邀请下写了《种族与历史》。凯卢瓦写了篇很荒谬的文章批评我的这本小册子。我很生气，用激烈的语气写了篇文章反驳（那时候我还觉得别人批评我，我理应反击），文章发表在《现代》，题为《躺着的第欧根尼》[1]。

埃里蓬：他怎么批评您的？

列维-斯特劳斯：他说，西方文明占绝对优势，说我的观点是相对主义。您懂的！我做出了激烈的反驳。但是，当我参选法兰西学术院院士时（他比我早两年当选院士），据说他是支持我的。我很感动，入选后，我求见他，说："以后您说了算，我只能这样报答您。"他佯装拒绝后答应了。

我原本以为和他的恩怨就此一笔勾销，但我想错了：凯卢瓦的气没有消，就像您说的，他在演讲的结尾对我冷嘲热讽（演讲的初稿更刻薄）。但无论如何，从那以后，

---

[1] 《躺着的第欧根尼》，1955年发表于《现代》杂志，第195期。——原注

我俩的关系一直不错,直到他英年早逝。

凯卢瓦学识渊博,很有个性,用他自己的话来说,他性格中"截然相反"的两极可以并存。他上过马塞尔·莫斯①的课,以此自勉。我们原本可以愉快地相处,但他为了追求风格,放弃了研究,把自己的才华都赌在诗歌和文学上:他更注重形式,而非内容。假如有人认真、客观地对待内容,他就受不了。奇怪的是,他和超现实主义者论战的时候,却持相反的观点,但他一直很保守。

埃里蓬: 您参加法兰西学术院的会议吗?

列维–斯特劳斯: 基本上都去。

埃里蓬: 会上都讲些什么?

列维–斯特劳斯: 讨论学术院内务,接着讨论字典,每到这时我都觉得自己回到了学校。给一个词做出精确的定义很能锻炼人的智力,这时候你会发现,人们在日常生活中,遣词造句往往不严谨,甚至出现错误。我们也会在字典里收录大众闻所未闻的某个专业领域的术语。我跟工匠讲话的时候啰唆而笨拙,而他们形容每件工具、每个元素、每个动作都有准确的字眼,这让我感到尴尬。我觉得把匠人的专业术语记录下来并进行推广是很有益的;另一

---

① 马塞尔·莫斯(1872—1950),法国人类学家。

第八章 绿袍

方面,我们也给外来词汇找古法语里原本就存在的词,一来防止法语借用美式英语或英式英语里的词,二来防止这些古法语单词被人遗忘。通常我修订的都是与人类学相关的词汇。相信我,要用三行以内的文字给"回飞镖"这样的词做出定义,又不能犯其他字典的错误,非常费神。

语言是文字工作者的劳动工具:这件工具操作起来复杂,维修起来困难。要了解语言的丰富和局限,真是学无止境。修订字典的工作就像平常运动员练体操、音乐家练乐器。或许这项工作对编字典的人和用字典的人同样重要,至少我是这么认为的。

埃里蓬:据说,1984年您代表法兰西学术院起草宣言,反对当时的妇女权益部部长伊芙·鲁迪创立的委员会提出的要求:给法语里的每个词都编出阴性词。

列维-斯特劳斯:宣言的确是我写的。鲁迪委员会提出的问题不容忽视,关乎法语的未来。

埃里蓬:修改语言的用法违背您的原则?

列维-斯特劳斯:盲目追随潮流、修改语言当然违背我的原则。法兰西学术院观察法语语言的使用,必要时sanctionner某种用法(我说的sanctionner这个词用的是它的本意:承认、认可、不惩罚。今天,法国人把这个词的意思完全弄反了）①，它有权确立语法规则，这是学院的职责所在。我并不反对某些词的阴性态，因为这种用法已经被法国人接受了；但若违反法语原貌，无视造词规则，硬生生地创造出词语的阴性，我是反对的。我最不能接受的是，为了迎合某个游说组织的诉求，立法造新词，尤其是在混淆词语阴阳性，无视语法的情况下。杜梅泽尔曾就此撰文发表在《新观察家》里，文章一针见血，永远不会过时②。

埃里蓬：照您的思路，可以拿所谓的"法式英语"来反驳您：既然法国人已经习惯了用英语里"周末"（weekend）一词，为什么还要保留法语里的"周末"（fin de semaine）这样的说法呢？

列维－斯特劳斯：我不同意您的说法，不能一概而论。我刚才说过，法语里用来自英文的外来词，其实同样的意思法语也能表达，只不过这个法语词被人遗忘了。我们只需重新启用这个法语词，问题就解决了。法国人类学家总是用英语里sibling这次词来表达同一对父母生的所有孩子，不论是男孩还是女孩。我告诉他们，其实同样

---

① 这个词现通常用来表示"惩罚""制裁"。
② 《新观察家》，乔治·杜梅泽尔著，1984年9月7日号，第96—97页。
　　——原注

第八章 绿袍

的意思可以用法语里的germain这个词来表达（法语里的"cousins germains"指的是情同兄弟姐妹的表亲）。了解词义后，只有弱智的人类学家才会继续用sibling这个词。

在另一些情况下，要表达某种意思，法语里要么找不到对应的词，要么只能改变某个法语词的本义来指代法国原本没有的或是进口的东西或概念。在这种情况下我们只能原封不动地用外来词，或按照法语的规则对拼写稍加改变。每种语言都会通过吸收外来词丰富自身的表达力。法语里有不少外来词，有些甚至来自巴西中部的印第安部落，我亲耳听到过！

但句法另当别论，我们要坚决反对英语影响法语的句法。我读过很多博士论文，甚至是官方文件，作者饱读英美科研著作，好像只认识法语里être这个动词，全文都是用被动态写的。

埃里蓬： 既然您在纽约生活过，英语肯定说得很好。您有没有学过别的语言？

列维–斯特劳斯： 没有，我没有语言天赋。我用英文写论文时往往词不达意，用英文做讲座时口音重得不得了。

埃里蓬： 外语不好不会妨碍您的工作吗？

列维–斯特劳斯： 当然会，妨碍挺大的。

埃里蓬： 您从没像杜梅泽尔那样下苦功学外语吗？没

有如饥似渴地想要多学一门外语吗？

列维-斯特劳斯：杜梅泽尔不光爱学外语，下了苦功，最主要的是他有语言天赋！杜梅泽尔说，他对照法语翻译读外语文章，看了一百多页后，就掌握了这门外语，听得我瞠目结舌。

埃里蓬：在巴西的时候，您有没有学过葡萄牙语？

列维-斯特劳斯：当然学过，不过那时在巴西生活没必要学葡萄牙语，凡是有点教养的巴西人都会说法语。考察过程中，我和巴西中部的农民说葡萄牙语：那是贩夫走卒的葡萄牙语，近乎方言。

埃里蓬：日语呢？您现在对日本特别感兴趣。

列维-斯特劳斯：过去十年中我为学日语花了不少功夫。但我年纪太大了，学日语是左耳朵进右耳朵出。

埃里蓬：您喜欢旅行吗？

列维-斯特劳斯：出于工作需要，我到处旅行，但我并不喜欢旅行本身。我很赞成德·斯达埃尔夫人在《科琳娜》里写的："不论别人怎么评价旅行，我觉得旅行是人生中最悲伤的消遣。"

埃里蓬：所以您在《忧郁的热带》里开门见山地写"我憎恶旅行"，并非一时气话……

列维-斯特劳斯：当然我这么写也是有刻意挑衅的意

第八章 绿袍

味,但我的确不喜欢旅行,年轻的时候除外(年轻的时候,还能探索真正的"别处")。为了打发时间,我过去十年中又开始旅行。我还想去……

埃里蓬: 您去过哪些地方?

列维–斯特劳斯: 墨西哥、美国加州、以色列、意大利、韩国……日本去了四次还是想去。

埃里蓬: 您到了日本之后会做些什么?

列维–斯特劳斯: 参加一两次讲座,完成出行的义务,然后按我参与制定的路线游览。我走了不少地方。

埃里蓬: 日本为何吸引您?

列维–斯特劳斯: 它有古老的文明,和我们的文明有很多呼应之处,截然相反又相互呼应。别忘了,日本地处欧亚大陆的东缘,而法国地处西缘。日法看似风马牛不相及,地处一片有千年文明历史的大陆的两极,欧亚大陆的人员和思想交流从未停止。我从中看到了一系列转型的两极。

埃里蓬: 您对当代日本不感兴趣吗?

列维–斯特劳斯: 感兴趣,总之我没法无视日本这样的国家。但我对当代日本感兴趣也是因为从中看到了古代日本的影子。

埃里蓬: 您不运用社会学家的思维方式吗?

列维–斯特劳斯: 我更愿意从人类学家,甚至是考古学家的角度审视日本。和我一起去韩国的一些学生可能是被政治冲昏了头脑，对我的态度特别不满。有人告诉我学生是这么评论我的："列维–斯特劳斯这家伙，只关心已经消逝的东西。"从某种意义上来说，他们的话是对的。

我也很喜欢大自然，比如日本的自然环境。我们常常忘了，日本有四分之三的国土无人居住，实在是美不胜收。我觉得，包括日本在内，世界各地的自然风光都是不规则的图景。但是在欧洲或美国，构成图景的元素，我是说各种植物，本身就是不规则的——还记得波德莱尔笔下的"不规则的植物"吧？在日本，风景虽然丰富多彩，但构成图景的植物本身却是规则的：柳杉、竹子、茶树、稻田，这些元素无论是形状还是颜色都有规律可循，所以构成的风景更有冲击力，总是那么富丽堂皇。

日本的一草一木、风土人情，还有纪念物，都让我着迷。日本原始的崇拜中草木皆有灵，连石头都有灵性，不是吗？日本之所以让我心醉，是因为它的文学、艺术、技艺都不仅高度发达，且与古老传统息息相关，让身为人类学家的我感到熟悉。

第九章
"光阴如梭"

埃里蓬：1964年至1971年，您共出版了四本《神话学》……

列维–斯特劳斯：那几年我每天早晨五六点钟就起床，周末几乎没休息过。我的确很努力地工作……

埃里蓬：您的工作成果颇为丰硕：每本书有几百页，加起来有两千页。

列维–斯特劳斯：写这几本书有多痛苦，我永远难忘。痛苦程度并不与工作成果成正比！

埃里蓬：书写完时您一定感到十分欣喜，由衷地满足。

列维–斯特劳斯：大功告成的满足，但写作的过程说不上愉快，我感到焦虑，甚至厌烦。动笔前，我面对白纸苦苦思索了好几天，想不好怎么开头。

埃里蓬：书出版后您有什么感受？

列维-斯特劳斯： 感觉这本书大功告成，一了百了，成为与我无关的存在了。书借我之笔问世，在我体内存活了几个月甚至几年，书中的内容逐渐成形，并落在纸上，最后书离我而去，就像我的排泄物。

埃里蓬： 您最喜欢自己哪一本著作？

列维-斯特劳斯： 就连这个问题我也回答不了，因为我重读自己的著作时，感觉这本书不是我写的，而是别人写的。我并不把作品当成自己的孩子。

埃里蓬： 您是否曾经很想写一本书，最终没有下笔，因而懊悔？

列维-斯特劳斯： 我很后悔从没写过文学作品。

埃里蓬： 比如小说或戏剧？

列维-斯特劳斯： 我很希望可以写戏剧。我觉得戏剧是所有文学形式中最严谨的，每一句台词、每一个词语都是为戏剧动作服务的，没有一句废话。

埃里蓬： 您尝试过写戏剧吗？

列维-斯特劳斯： 在《忧郁的热带》里，我曾说打算写部戏剧，除此之外，我从没尝试过写戏剧，当时想写的只是哲学戏剧，而戏剧的最高形式应该是通俗戏剧！

埃里蓬： 不过您动笔写过小说……

列维-斯特劳斯： ……我写到第三十页就放弃了，因为写得太糟糕了。

埃里蓬：小说的故事情节是什么？

列维-斯特劳斯：小说应该起名叫《忧郁的热带》，大体上是一本康拉德①式的小说。故事的灵感源自我在报纸上看到的逸闻：太平洋某岛屿上发生的骗局，有人用留声机骗土著人，让他们以为是土著人信仰的众神降临。在我的小说里，骗子都是逃避政治迫害的难民或其他身份，来自不同的国家，各种大喜大悲发生在他们身上。

埃里蓬：这本小说今天只剩下标题了吗？

列维-斯特劳斯：剩下标题，还有我用斜体字写的稿子，稿子里描述落日。这是小说的开头。

埃里蓬：您希望自己是约瑟夫·康拉德吗？

列维-斯特劳斯：起码我希望自己能写出他的小说！

* * *

埃里蓬：1983年，您出版了《遥远的目光》，它和两部《结构人类学》一样都是文集。为什么这本书没有成为第三部《结构人类学》呢？

---

① 约瑟夫·康拉德（1857—1924），生于波兰的英国小说家，代表作有《吉姆爷》《黑暗之心》等。

列维-斯特劳斯： 因为在此期间，结构主义这个词被各方滥用，不断背离本意，以致没人知道结构主义究竟是什么。我当然知道结构主义是什么，但我不能确定我的读者也知道，尤其是法国读者。结构主义这个词已经丧失了实质的意义。

埃里蓬： 在书的前言中，您写道："结构主义已经过时了"，这是否是一句怀旧的话？

列维-斯特劳斯： 当然不是，我只是陈述自己的发现：法国的文化人太贪得无厌。有段时间，文化人一拥而上地高谈结构主义，还以为这样就能传达什么信息，但结构主义热已经退却。一种只有五到十年的时尚……巴黎的文化界就是如此。我并不怀旧，也不感伤。

埃里蓬： 伴随着结构主义热潮卷土归来，人们也开始关注更传统的哲学形式……

列维-斯特劳斯： 这两种现象的确有关联。

埃里蓬： 您肯定对此嗤之以鼻……

列维-斯特劳斯： 为什么？

埃里蓬： 因为您的著作是围绕对传统哲学的抨击展开的。

列维-斯特劳斯： 的确如此，但我不关心社会上流行什么样的文化热潮。

第九章 "光阴如梭"

埃里蓬：您认为当代人读的净是些废物，活该？

列维-斯特劳斯：我不是说"活该"，而是说"既然当代人喜欢读这样的书，那就由他们去吧！"

埃里蓬：评论家认为，结构主义热潮的消亡有确切的时间："68年五月风暴"。您也听说过这样的说法："结构主义不会上街抗议。"

列维-斯特劳斯：可以确定的是：五月风暴说明此前多年的发展都基于误解。我想说的是，文化人醉心结构主义，却忽略了实质问题。因为结构主义是一门远离当代人重大关切的学问，过去是，现在也是。

埃里蓬：您认为实验室的安静比报纸里的喧闹更有价值？

列维-斯特劳斯：是的。

埃里蓬：您的《嫉妒的女陶工》可以看作《神话学》的续集，它和您之前的著作相比要简单易懂得多，当然，《忧郁的热带》除外。您写这本书是否是为了教育公众，还是因为您担心自己的影响力下降？

列维-斯特劳斯：首先，我不是为了教育公众才写这本书的；其次，我丝毫不在意自己的影响力。

埃里蓬：这本书的确比您之前的著作都要简单。

列维-斯特劳斯：的确更好懂，但也不见得。先说为什么它并不比我以前的书好懂：书出版后，很多人告诉我："您的书很有意思，但是很难懂！"我想是因为他们没看过我别的书。他们之所以读《嫉妒的女陶工》，也是因为它看起来比较薄，不那么让人心生畏惧，不过他们还是没读完就放弃了。

埃里蓬：但已经读过您其他著作的读者一定能轻松地读懂这本书。

列维-斯特劳斯：您说得对。《嫉妒的女陶工》的资料我很早以前就收集了，一直没发表。在《神话学》里我多次暗示会写《嫉妒的女陶工》。我怀着距离感冷静地写了这本书时，手里没有堆成山的资料。写《神话学》是一个发现的过程，每天都有新的发现。我像是在人迹罕至的原始森林里探索我未知的世界。我在茂密的树丛和灌木丛里艰难地开辟道路。写《嫉妒的女陶工》时，我已经胸有成竹：可以从更远的距离审视写作，一眼看到全局。

从另一个角度来看，《神话学》做出了充分的阐释，我无需重复同样的工作，只需要提一下已经论证过的结果。从某种角度上来说，把已有的结果再点明一下即可。坦白地说，这是我在写作过程中唯一感到愉快的书。

埃里蓬：这本书里有不少插科打诨、异想天开的内

第九章 "光阴如梭"

容……风格更像是拉比什①或是索福克勒斯。

列维-斯特劳斯：我早就想写这本书了，或许这是我构思最久的一本书，而且我一直认为拉比什的剧作妙趣横生（现在的戏剧演员把他的戏都演砸了）。小时候，我每周都得去奶奶家吃饭，痛苦不堪，就是靠拉比什熬过来的。我待在客厅的角落，读拉比什全集，自己偷着乐。

我逐渐步入老年，往事浮上心头，或者说，要画上句号了。写《神话学》时我想起了瓦格纳，小时候，我的家人特别崇拜瓦格纳。到青少年时，我渐渐不在乎瓦格纳了。《嫉妒的女陶工》让我想起了童年时代读过的书。有时间的话，我肯定会重读《堂吉诃德》，这是我十岁时最喜欢的书。家里来客人时，家人会提议客人翻开《堂吉诃德》随意读一句，我马上能不假思索接下一句，因为这本简化版我倒背如流。我还能回忆起书的封面：粉色的光面纸。或者就像一些人说的，我的著作里始终贯穿着一种堂吉诃德的精神，是堂吉诃德激励了我？

埃里蓬：这是什么意思？

列维-斯特劳斯：我说的当然不是辞典里定义的堂吉诃德主义：替天行道，为压迫的人伸张正义的狂热。在我看

---

① 欧杰尼·拉比什（1815—1888），法国剧作家。

来，堂吉诃德精神的本质是一种偏执式的热忱，想在当下寻找过去的痕迹。假如哪天有人突发奇想，要探究我本人的个性，我建议他从堂吉诃德入手。

埃里蓬：《嫉妒的女陶工》出版时，您曾说："我正酝酿另一本书，这将是我最后一本书。"您现在还在为这本书做准备吗？

列维-斯特劳斯：我已经收集好素材，但没怎么动笔。这本书会是《嫉妒的女陶工》的"姐妹书"。书的主题和《嫉妒的女陶工》中探讨的神话学类似，虽然美洲不同地区的神话存在差异。

埃里蓬：您的新书讲哪个地区？

列维-斯特劳斯：华盛顿-俄勒冈地区，太平洋北岸。问题在于，我感到无从入手，也不知道是否真的需要再写一本关于神话的书，毕竟神话学著作已经这么丰富了。

埃里蓬：假如您真的写这本书，书名打算叫什么？

列维-斯特劳斯：我之所以迟迟不下笔的原因之一，就是没想好书名，书名是一本书的点睛之笔。

埃里蓬：您写了很多书，引发了评论、讨论和批评……回顾这一切，您印象最深的是什么？

列维-斯特劳斯：最深刻的印象是漠然。昨天有人跟我提起了一个神话学问题，关于南美洲某地的神话。我记得

第九章 "光阴如梭"

我写过这方面的东西。那人问我在哪本书里写的,我记不起来了。

埃里蓬:回顾您的学术生涯,印象最深的是什么?您在全球众多高校有荣誉博士学位,曾获法国国家科学研究中心的金奖,还是法兰西学术院的院士……您已经功成名就了。

列维-斯特劳斯:我想我并不沽名钓誉,也不在乎获奖。我曾拒绝过荣誉博士学位,虽然那所高校很有声望。由于必须亲自参加颁发学位的典礼,而当时我恰巧不想出远门。

埃里蓬:您最看重的既不是荣誉也不是名声,而是做出很多有说服力的证明……

列维-斯特劳斯:我没那么狂妄。我的证明并非人人都信服,而且不会一直成立。我想借用杜梅泽尔的话来回答您的问题:二十年、三十年以后,一切都化为如烟往事……

但您说得也对,我的确认为既然有一些问题必须处理,不如由我来处理,我处理的方式就是写作,哪怕我写作是为了解构这个问题。希望我的书在人类学历史上留下印记,而且被人铭记在心。

埃里蓬:您不担心有一天被人超越,甚至被人遗忘吗?

列维-斯特劳斯：这样的担心多幼稚。几个世纪以来的思想史证明,被超越、被遗忘是在所难免。

埃里蓬：但您付出了这么多的心血……

列维-斯特劳斯：为什么付出这么多心血?我工作时也会感到焦虑,但一闲下来就会感到无聊,受良心的折磨。工作并不比无所事事愉快,但至少工作中不会感到时间流逝。

第二部分

精神的法则

第十章
婚姻的法则

埃里蓬：像您之前说的，在认识雅各布森前，您就已经成为"结构主义者，只是自己没意识到"。您很快把他的方法运用在您对亲属关系的研究中。

列维—斯特劳斯：事情的先后顺序并非如此，我并没有在研究中借鉴他的想法，而是发现他关于语言的想法和我关于亲属系统、婚姻法则，更普遍地说，关于社会生活的看法相吻合。

埃里蓬：从那时起您开始写《亲属关系的基本结构》。从某种意义上说，这本书进一步阐述了马塞尔·莫斯在《礼物》一书中探讨的婚姻问题，但您的阐释方法不同，语言学给您提供了范式，于是您能用结构主义的方法探讨婚姻。

第十章 婚姻的法则

列维-斯特劳斯：这么说也行。格拉内特①的影响也不得小觑，我就是读了他的《古代中国婚姻和亲属关系》才开始关注亲属关系的。读这本书时我还在蒙彼利埃的高中教书，几周后我就被召回了。我非常喜欢这本书。格拉内特研究的系统非常复杂，他解释这些系统就像对待复杂的机器一样，看看它由哪些零件组成，运作原理是什么。他对社会现实做出了客观的思考。不过，我不喜欢的是，格拉内特探讨的问题已经很复杂了，他提供的结论在我看来更加复杂。事实上，复杂的表象后肯定能找到简单的规律。但格拉内特的书启发了我对亲属关系的思考，我在巴西实地考察中收集的资料也向我提出了种种问题。

埃里蓬：《亲属关系的基本结构》是一本巨著，开篇就是好几个提纲挈领的章节，比如您抨击人类学的《古老的错觉》一章。

列维-斯特劳斯：这一章记录了我当时的思考，也是我在纽约高等自由学院授课的内容。我是边思考边写的，这样的过程对于我厘清思路是很重要的。现在，我更加确定，这样的写法对于全书的精练必不可少。

埃里蓬：但在第一章中您描述了天性和教养的矛盾，

---

① 马塞尔·格拉内特（1884—1940），法国汉学家。

最突出的例子就是乱伦这一禁忌。这一矛盾也是您这本著作的基调。

列维–斯特劳斯：是我写作的出发点。此后，我的思考不断深入。

埃里蓬：1967年，此书再版，在序言中，您又提到了这个问题。

列维–斯特劳斯：是的，这几章是在1943年到1944年写的，从那以后，人类学研究兴起，带来了新的成果。在我写这本书时，人们还没有发现动物界避讳乱伦的做法，这是因为自亚里士多德以来，人们研究动物时，只观察家养动物。

但人们开始研究野生动物（比如猿猴，当然还有别的动物）后，却发现近亲交配很罕见，动物内部甚至有机制可以防止近亲交配。这类研究的专家和人类学家很快得出结论，认为对乱伦的禁忌属于天性。有人认为，《亲属关系的基本结构》一书的中心论点从此被推翻；还有人认为，天性和教养的矛盾不仅适用于人类社会，也适用于动物社会。比如非洲长尾猴，最好的交配，我是说最有利于繁殖的交配，是表亲交配（鹌鹑也是如此），长尾猴也会和邻近的长尾猴族群交换年轻的雄性……

我承认，了解到这些事实后，我也开始怀疑。但我怀疑的不是事实本身，而是人们对于事实的解读，这样的解读把动物拟人化了。若动物族群倾向于把青春期的个体赶出去（可以是雄性也可以是雌性，依据动物种类而异），这样的做法有多种解释，比如防止青春期的个体和族群的其他成员争抢食物，这是最靠谱的解释。我们无法从动物驱赶青春期的个体这一事实推断出它们有"乱伦的禁忌"。近亲交配，尤其是邻近动物族群互相交配，坏处并不明显。

埃里蓬：所以您至今认为您的出发点是正确的，也就是对乱伦的禁忌说明，教养属于法则的范畴？

列维-斯特劳斯：假如对乱伦的禁忌是出于天性，很难解释为什么人类社会总是对乱伦耿耿于怀，而且千方百计地加以禁止。在没有文字的社会，我们可以找到很多反映普遍的乱伦欲望的谚语及俗语。再把问题的范围扩大一些，如何解释欧洲传统社会如此热衷于亲上加亲的族内通婚？就在十九世纪的法国农村，高达80%的人在方圆五公里之内寻找自己的配偶，这您知道吗？米斯特拉尔[①]曾引用过普罗旺斯地区的谚语，那些认为对乱伦的禁忌属于天性的人听好了："结婚要找住在同村的人，住在同一条街的

[①] 弗雷德里克·米斯特拉尔（1830—1914），法国作家，诺贝尔文学奖获得者，用法国方言奥克语写作。

人更好，住在同一个屋檐下的最好不过。"

有人说，在同一屋檐下长大的人互相之间无法产生性欲。多年来反复流传的两个例子（这两个例子其实不能说明任何问题）：以色列的基布兹人和中国的台湾人，恰恰反驳了这样的观点。更何况，近亲之间缺乏性欲并不能说明选择性伴侣时偏好非家族成员。请允许我引用涂尔干说的话，简直一针见血："乱伦关系和亲情之所以看似水火不容，是因为我们对亲情的理解是建立在没有乱伦的前提上。"这不仅适用于我们的社会，大多数社会都是如此。

埃里蓬：假如您现在重写这本书，会选择什么样的出发点？

列维-斯特劳斯：首先，我不会写这本书。我年纪大了，不愿再开发庞大的理论体系。我只想说，不管动物的社会生活和集体心理学的研究具有什么样的价值，社会学已经为我们提供了足够的真知灼见，无需引用别的理论。

埃里蓬：《亲属关系的基本结构》作为您的第一本书，真是雄心勃勃！

列维-斯特劳斯：太有野心了，您说得对。

埃里蓬：书是1949年出版的，今天依然为人们津津乐道。

列维-斯特劳斯：最初这本书很有争议，今天依然如此，但它几乎已成为研究亲属关系的必读著作，这让我很欣慰。

埃里蓬： 1952年，克洛德·勒福尔①批评您，认为您更注重数学模型，而不是实证经验。

列维-斯特劳斯： 我从没说过一切人类经验都可以用数学模型表达。我从未想过——这样的想法实属狂妄——社会生活的一切都可以用结构主义分析来解释。相反，我认为，就人类来说，无论是社会生活，还是囊括一切的实证经验，都是偶然的产物（面对历史，我无比卑微，因为历史就是由绝对的偶然组成的）。如果实证经验是一锅汤的话，汤里就是一片混沌，表面零星分布着有组织的小岛。我关注这些小岛，而不是剩下的汤，完全是由我的个人经历和学术选择决定的。但我也不否认，存在着其他层面，其他正当的理由值得深入研究。我选择的领域虽然只是沧海一粟，但我知道我的研究可以让这个领域更严谨，这实属幸运。我也知道，我的研究方法并不适用于所有的现象，就像用数学逻辑的模型预测气象时，无法描述落日之壮美。要描述和分析落日，需要换一个角度，换一种理解模式。

---

① 克洛德·勒福尔（1924—2010），法国哲学家。

埃里蓬： 1952年克洛德·勒福尔的批评很有趣，因为他引发了一系列批评您的声音，相信您也知道，后来有人批评您走"形式主义""理论主义""抽象主义"。

列维–斯特劳斯： 我的回答不变。

埃里蓬： 罗德尼·尼德汉姆的批评不太一样，他说通过分析重建的模型发现的规律并不总是适用于实践。

列维–斯特劳斯： 我觉得这话可以说得更绝对些：很少有模型放之四海而皆准，必须知道自己要研究什么，知道事情具体是怎么发生的，或者知道人们是怎么想的，他们在没有认真研究原则的情况下便轻率地认为事情应该怎么做。我在《亲属关系的基本结构》中讨论的就是后一种情况，不是人们做了什么，而是人们认为和声称应当怎么做。

埃里蓬： 批评您的还有皮埃尔·布迪厄[①]，他在研究卡比利亚人的人类学著作中……

列维–斯特劳斯： ……他的研究相当出色……

埃里蓬： ……他批评您关于婚姻"法则"的说法，提出婚姻"策略"。

列维–斯特劳斯： 我一点都不意外，毕竟时代不同，

---

① 皮埃尔·布迪厄（1930—2002），法国社会学家、哲学家、人类学家。

第十章 婚姻的法则

人们的关注点也不同。有时，我们更关注社会生活中有矩可循的一面；有时，我们更注重社会生活中看似偶然的一面。事实上，既存在法则，也存在策略。策略可以破坏法则，但在某个时代的某个社会，人们使用的策略很少完全无视社会法则，反之亦然。关键在于，要知道在现有的知识水平下，根据已经完成的研究，哪类观察最有利，可能二者取其一或二者兼备。

从一个更广的范围来看，我认为我们之所以必须在二者之间做出选择，是因为所谓的"社会科学"或"人文科学"只是徒有"科学"的虚名。在真正的科学里，不同程度的研究不会自相矛盾，而是相辅相成。但现有的社会和人文科学还没有那么成熟。

埃里蓬：但《亲属关系的基本结构》十分注重科学严谨。

列维-斯特劳斯：因为这个领域一片混乱，我想创造秩序。对于每一个社会，每一种关系，往往存在多种解释，让人找不到头绪。我试图从中找出简单明了的原则。这算不上科学，但至少我以科学精神自勉。

埃里蓬：所以在写这本书的过程中，您觉得自己是在做科学的论证？

列维-斯特劳斯：我觉得我们的人文科学和社会科学还

称不上是名副其实的科学，我的书只是朝这个方向迈出了一小步。在人文社科领域，变量太多了，观察者难免受自己的观察对象影响；而且还要考虑观察者掌握的学识，它和所研究的现象同样复杂，永远无法超越它。

埃里蓬： 在《亲属关系的基本结构》中，您把数量庞大的亲属关系系统归结为三种，而三种关系又以交换女性的两种方式为基础。您还认为，在理想情况下，应能将亲属关系的可能性用图表来归纳，而图表中的项目是有限的。您今天还这么认为吗？

列维-斯特劳斯： 总的来说是的，但我也承认，我写完这本书后，人类学研究文献里又出现了很多我写作时未知的或是知之甚少的亲属关系系统。这些系统介于我总结的关系系统之间，并不能推翻我的图表，而是丰富了图表的内容，增加了细节。

比如，所谓的"阿拉伯"婚姻，也就是娶父亲的兄弟的女儿做妻子，这属于族内通婚，不同谱系之间不通婚，只能在同一谱系内通婚：旁系亲属结婚。但在我们掌握统计数据的任何一个地方，这样的通婚模式都是少数现象，哪怕我们扩大它的范围（远亲和近亲都算），近亲通婚也不超过婚姻总数的一半，剩下的都是族外通婚：各家庭没有互相交换女儿，而是有权保留几个女儿，同时履行义

第十章 婚姻的法则

务，嫁出去几个。最近，又有年轻有为的研究员证明，事实上，婚姻模式比这更复杂。各家族都希望和更高层次的家族联姻，造成了我之前在书中写到的"普遍交换"。其结果是，夫妻之间的亲属关系，看似平行、不交叉，实质上对方是父亲的姐妹的孩子，或是母亲的兄弟的孩子。这比我构想的系统复杂多了，但问题的本质是一样的。

埃里蓬： 这么说来，亲属关系也可以用理想化的表格表达，且表格的项目有限？

列维-斯特劳斯： 对于结构简单的社会，毫无疑问。但复杂的社会，会出现问题。弗朗索瓦丝·埃里捷-奥热在这方面取得了很大的进步，我当初就点明了方向。在某些社会，没有奉命成婚或固定择偶习俗，只有不同程度的婚姻禁忌（我们所处的社会就是如此，只不过形式简化了）。禁忌的形式可能五花八门，且族谱关系对我们而言无比复杂。但是，我们借助电脑可以发现，禁忌如同正面指令的负面图像：两种系统，一种简单，一种复杂，其实都可以用语言表达。所以可以合二为一，毕竟基本结构相同。

埃里蓬： 您在书中用被交换的"符号"来表示女性，因而遭到了女权主义者的激烈抨击。

列维-斯特劳斯： 女权主义者要么没读懂我的书，要么没有仔细读，因为我强调的是，在任何人类社会，女性的价值都被当作符号。这样的争论毫无意义：我们完全可以说是女性在交换男性；只要把"+"号改成"-"号就可以，反之亦然，系统的结构并未改变。我之所以选择前者，是因为几乎所有的人类社会都是这么想，也是这么说的。

埃里蓬：说起来，波伏瓦在1949年写的摘要中完全没有拿这点为难您，这非常奇怪，因为她当时刚出版了《第二性》。

列维-斯特劳斯：我分析过神话中的两性不平等，女权主义者甚至可以借鉴我的分析方法。《从蜂蜜到灰烬》和《餐桌礼仪的起源》这两本书讲的就是这种不平等。前一本，如果没有记错的话，是第三部分的第一章，我提出了这样的假说：平均主义的社会神秘地让某一性别臣服于另一性别，这其实已找到了解决办法，只不过还没有方案或无法付诸实践。奴隶制就是解决方法之一，它让部分人臣服于另一部分人。①

埃里蓬：在《亲属关系的基本结构》中，您的确强调，女性不仅是符号，但您把婚姻关系中的交换比作两种外语融汇互通或是经贸交流。

列维-斯特劳斯：女性不是符号，但对我研究的社会而

---

① 《从蜂蜜到灰烬》，克洛德·列维-斯特劳斯著，1966年普隆出版社出版，第244页。——原注

第十章 婚姻的法则

言,婚姻的法则的确属于交换问题:不同的血缘家族间通过交换女性建立联系。

埃里蓬: 在书的结尾,您提出要建立符号和交换的全面理论。

列维-斯特劳斯: 这是长远的打算,我只是说这个方向值得思考。

埃里蓬: 生物科学的发展会让您的这个梦想成真吗?

列维-斯特劳斯: 显而易见。过去,语言学家关于语言的学说只适用于语言,而今天,我们发现,同样的学说也适用于生物科学。比如,基因编码和语言编码有共同特性,表达的方式也相同。

埃里蓬: 可是,从某种意义上说,这样的新发现有助于解决天性与教养这对矛盾。

列维-斯特劳斯: 从方法论来看,这一矛盾还是有价值的。它是一面墙,能帮助我们抵挡简单粗暴的人的攻击,比如社会生物学,就是要把文化现象和动物的行为挂钩。

有朝一日,天性和教养的区别真的消失了,也不会出现今天所说的人类和动物现象的界面,即人类的行为,比如,攻击性的行为,与我们在其他物种上观察到的行为相似。若天性和教养接近,那是在另一个方面:生命机制中最基本、最基础的层面和人类现象中最复杂的层面的接近。假如天性和教养之间的界限必须消失，那也是在天性说和教养说的辩论的后台。

埃里蓬：在《亲属关系的基本结构》的最后一章中，您提到了精神分析，尤其是《图腾与禁忌》。您用了"失败"这样的字眼。这是您在精神分析上引发的首次争议。

列维–斯特劳斯：算得上争议吗？弗洛伊德在《图腾与禁忌》中构建了一个神话，一个让人着迷的神话。但他像所有的神话作者一样，并不告诉我们事情是怎么发生的，而是说人们需要通过想象事情是如何发生的来克服矛盾。

埃里蓬：差不多四十年后，在《嫉妒的女陶工》中，您再次提到和精神分析学派的论战，用词并不比以前客气，虽然您在这本书中语气更轻松。

列维–斯特劳斯：精神分析就是个消遣，我并不把它当真。《嫉妒的女陶工》中分析的神话，尤其是吉瓦罗人的神话，清楚地预示了精神分析理论。我想阻止精神分析学派借此为自己正名。事实恰恰相反，在《图腾与禁忌》的副标题中，弗洛伊德这样写道："论原始人与神经质的人精神面貌相似之处"。我则证明了，若真如弗洛伊德所言，存在相似之处，那就是原始人与精神分析学派的精神面貌相似。

埃里蓬：您什么时候读的弗洛伊德？

列维−斯特劳斯：很早就读了，我一个高中同学的父亲是心理医生，是最早关注弗洛伊德的法国人之一。他和玛丽·波拿巴合作，鼓励我读《精神分析引论》，因为我在哲学班，当时的第一个法语译本书名叫《梦的科学》。

埃里蓬：此后，您提起精神分析时，往往言辞较激烈。

列维−斯特劳斯：我的许多朋友和亲戚都接受了精神分析。就是因为他们，我才对精神分析疗法产生了怀疑。我尤其反对许多人类学家、社会学家或历史学家的做法，自己的学问做不下去了，没有暂缓一下，而是用精神分析这样的万金油来填补自己学说的空白。

尽管如此，弗洛伊德的学说还是在我的思想成形中发挥了很多作用，马克思的学说也是。他的学说让我看到，一些看似毫无逻辑的现象其实可以通过理性的分析来解释。对我而言，在意识形态上（集体现象，而非个体现象，非理性的本质也同样），马克思的学说与之有相似性：超越表象，达到前后一致、符合逻辑的本质，无论人们对他做出怎样的道德评判。

埃里蓬：和弗洛伊德相比，您更忠于马克思的学说。在1962年出版的《原始人的心智》的结尾，您还表示赞同马克思。

列维−斯特劳斯：并非从政治层面支持，但在哲学层面毫无保留地赞同。马克思首创在社会科学中始终坚持使用建模。比如，整部《资本论》的结构就是作者在实验室中建立的模型，作者让模型成立，并将模型获得的结果和所观察到的现实比较。马克思还提出，要理解人的思想，就必须结合他的生活环境，我认为这很关键，我在《神话学》中始终尝试这种做法。

埃里蓬：让·普永在1956年发表的文章中宣布您会写《人类学与马克思主义》①。这本书始终没出版，不过，我们是否可以就此推断出，您曾是马克思主义者？

列维-斯特劳斯：我经常梦到自己想写又没写的书。至于我是否是"马克思主义者"，言之过甚了。马克思的学说我只吸收了几点罢了，尤其是这一点：意识会自我欺骗。更何况，我和您提过，我是通过马克思了解黑格尔的思想的，此后又认识了康德。您想了解影响我的思想家：我本质上是个普通的康德主义者，同时也可能是个天生的结构主义者。我的母亲告诉我，我小时候还没学会走路，更别提读书的时候，在婴儿车里看到肉店（法语：boucher）和面包房（boulanger）的前三个字母都是

---

① 《克洛德·列维-斯特劳斯的作品》，让·普永著，1956年发表于《现代》杂志，第126期。后收录于1987年克洛德·列维-斯特劳斯所写的《种族与历史》。——原注

第十章 婚姻的法则

"bou"，就兴奋地叫了出来，因为我觉得它的读音肯定是"bou"……我这么小的时候就开始找定量了！

埃里蓬：读康德作品，您记住了哪些原则？

列维–斯特劳斯：思想有局限，思想把局限强加在无法捉摸的现实上，只有通过局限才能把握现实。

埃里蓬：正因为如此，您才在《原始人的心智》一书中写道，人类学首先是一种心理学。这段话很有名，尽管看起来有些矛盾。

列维–斯特劳斯：之所以看起来矛盾，是因为人们以为人类学家的工作就是收集可以摆在博物馆里的物件。如果把这些物件看作是固体的思想，您刚才引用的这句话是有道理的。人类学家不远万里或近在咫尺寻求的，是理解人类思想如何运作的补充办法。所以人类学家做的也是心理学工作。物件如此，各种信仰、习俗、机构就更是如此。

第十一章
感性的品质

埃里蓬：《原始人的心智》或许是您的著作中对非本学科的学者影响最大的。您的书还原了原始人的心智，成为所有研究当代思想的人类学家的必读著作。

列维-斯特劳斯：我想证明的是，其实所谓的原始人，他们的思想和我们的思想之间并不存在鸿沟。在我们所处的社会，人们发现奇怪的信仰或习俗有悖常识时，常常会说这是过时的旧思想的残余或遗留的形式。我并不这么认为，在我看来，这种思想的形式一直存在，在我们中间流传，我们任其发展。所谓的旧思想的形式和所谓的科学的思维模式共存，都属于当代思想。

埃里蓬：比如，您曾说，在家修理东西的爱好和神话的思维模式很相似，这个类比经常被人引用。

列维-斯特劳斯：之所以拿在家修理东西举例，是因为这一行为本身体现了特定、原创的思维模式，而我们却没有注意到，或者说，我们从不考虑，因为我们觉得没有必要，不值得考虑。事实上，它显示了思维活动的基本机制，让我们清楚地看到了似乎和我们现代人的思维模式差之甚远的思考方法。从理论上看，神话思维可以指导实际层面，就像我们在家中修理东西能改善家居一样；神话思维大量使用从自然界观察到的图像：动物、植物、动植物的栖息地、天性，在特定文化中扮演的角色。它综合了这些元素，从中创造意义，就像在家里修理东西时，我们使用手头的物资，赋予它们另一种意义，可以说，这与它最初的用途完全不一样。

埃里蓬：这本书在认识论方面拓展得更宽……

列维–斯特劳斯：我在书中想超越整个西方哲学体系惯用的二元对立，感性和理性的对立。现代科学体系的构建是有代价的，它让感性和理性彻底分离。在十七世纪，人们把感性称为次要品质（一切能凭借感官感受到的：色彩、气味、味道、噪音、质地），而把无法凭借感官感受到的称为首要品质，而首要品质才是真正的现实。但是，在我看来，所谓的"原始人"的心智，拒绝区分感性和理性，从感性出发进行思考，仅凭这样的基础也能构建前后一致、符合逻辑的世界观，而且，这比我们通常所认为的有效多了。

埃里蓬： 您称之为"具象科学"……

列维–斯特劳斯： ……与科学思维不同，但存在可比性。更何况，我观察到的当代科学思维的一些倾向证实了这一点。遗憾的是，我在科学方面没什么造诣，但传统的自然科学——动物学、植物学、地质学一直让我着迷，就像希望之乡一般吸引我，而我无缘涉足。在美国，我就开始定期读 *Scientific America*、*Science* 和 *Nature*，一直坚持至今，现在又加上法国的《科研》期刊。我并不能全看懂，只是一知半解，但阅读科学期刊有助于我自己的思考，而且我很惊讶地发现，科学界曾长期排斥次要品质，排斥感官，现在也开始重视感性。科学家研究某种气味、味道，某种花的形态和它的进化，鸟啼的韵律结构……就这样，科学家往往能发现民间信仰甚至迷信的客观依据。

福柯在《词与物》中提出这样的观点：认识论的二元彻底决裂。我的观点恰恰相反。我看到当代科学追本溯源，把古老的智慧融入现代科学的世界观中。

埃里蓬： 为了研究"原始人的心智"中富有代表性的具象科学，您积累了大量具象科学的知识：植物、动物、气候……

列维–斯特劳斯： 从我开始写《图腾制度》和《原始人

第十一章 感性的品质

的心智》，直到《神话学》，我一直沉浸在植物学、动物学著作中，我从小就对这方面感兴趣。

埃里蓬： 但您远远超出了简单的好奇心。

列维-斯特劳斯： 是的，我认真学习了这些领域的知识。我记得，我的办公室里有个天体仪，俗称"牛犊的头"，是某个官方机构送给我的，之前我有些疑问，曾向这家机构咨询。今天的天文学家已经不用天体仪了，但对我来说很有用，可以找到神话中提到的星座的位置。我需要掌握的科学知识不超过一两个世纪。现在，我可以在狄德罗和德阿兰伯特的百科全书，或者布莱姆的动物学著作里找到答案，有时甚至还查阅普林尼的书……

埃里蓬： 有人还批评您不了解具象，真是太过分了！

列维-斯特劳斯： 恰恰相反，我对具体细节的重视近乎偏执。

埃里蓬： 正是因为您注重具象，所以您在您所描述的图腾分类中特别看重"审美的想象"。

列维-斯特劳斯： 是的，因为我们和原始人的思维方式的本质区别之一，就在于我们喜欢分解。这是从笛卡儿那里学来的：为了更好地解决难题，我们把它分割成块。所谓的"原始人"思维排斥这种分解的行为，只有全面地解释才有价值。而我们在解决某个具体问题时，往往会求助于某项科学，或者诉诸法律、伦理、宗教、艺术……在我们人类学家研究的民族看来，这些领域是有关联的。所以群体生活的每种表现方式都是莫斯所说的"完整社会现实"的组成部分，它与各个方面都有关系。

埃里蓬： 在《原始人的心智》中，您自始至终都在使用语言学术语，比《亲属关系的基本结构》中用得还要多。

列维-斯特劳斯： 语言学的术语提出了精准的概念，比如"二元对立""附着词素""非附着词素"……但主要是因为语言学术语能反应理性思维。人们往往误读了我借用的语言学术语，不了解这样做的重要性。语言学术语除了对我的研究有启发外，我承认，语言学对我影响很大，还是思想在生成逻辑架构时无意识活动的浓缩，这是鲍亚士提出的。他不仅是语言学家，也是人类学家。此外，语言学术语还证明了一个基本原则：构成整体的个体元素本身没有内在的意义，意义源自元素的组合。这一原则不仅适用于语言学，也适用于其他社会现实。我就是这么理解语言学的。雅各布森曾在和我聊天时说，我在非语言学领域，独到地运用了语言学概念，他是第一个这么说的。

埃里蓬： "转换"的概念在《原始人的心智》的分析中占据重要地位，《神话学》中也是。这个概念是从哪个学科借鉴的？逻辑学吗？

第十一章 感性的品质

列维-斯特劳斯：不是逻辑学，也不是语言学，而是源自"二战"时在美国读的一本对我有决定性影响的著作：《生长和形态》，共有两部，由达克里·温特沃兹·汤普森著，1917年出版。作者是一位苏格兰自然主义者（我在《裸人》中误写成"英格兰人"）。他认为，"转换"就是同属动植物的不同种或科之间的区别。这个想法对我很有启发，而且我很快发现它有着悠久的学术传统：汤普森的理念借鉴了歌德的植物学著作，而歌德又借鉴了阿尔布雷特·丢勒的《人体比例四书》。

值得一提的是，"转换"的概念深深植根于结构主义分析，甚至可以说，结构这一概念之所以被误解、被滥用，是因为人们没有意识到，结构和改变密不可分。不能简单地把结构和系统混为一谈：系统是由元素和元素之间相连的关系组成的整体。而只有满足以下条件才称得上是结构：元素和几个整体的关系之间存在不变的关联，可以通过转换从一个整体过渡到另一个总体。

"转换"的概念进入语言学还有另一渊源（由思想史学家来讲可能更清楚），或许也要归功于歌德，与威廉·冯·洪堡[1]和博杜恩·德·库尔德内[2]也有关。不管在

---

[1] 威廉·冯·洪堡（1767—1835），德国哲学家。
[2] 博杜恩·德·库尔德内（1845—1929），波兰语言学家，建立了音位学说。

哪个领域，"转换"的概念意义都极为丰富，元素可以通过不同的方式组合。理解了这一点，才能明白为什么我们必须引用这一概念。

我只举一个原则做例子来说明婚姻的所有法则，即社会的亚群体之间的女性交换。这些法则依据时间和地域而异，最终都必须归结为同一转换状态。同样，语言学家将发音器官可以发出的所有音位归列成表，并且总结出每种语言的发音特征，从这张各语言通用的表中选出这种语言专属的音位学元素。音位学概念本身就说明，声音的可变属性，比如说用录音机录下来的声音，实质上是更深层次的恒定事实的变形，这种变形可以是偶然的，也可能与背景相关。

既然语言学和人类学都要借助这一属于美学（丢勒）也属于自然科学（歌德和汤普森），且可以上溯至十六世纪的概念，这就给我刚才的观点提供了额外的论据：科学理论进步后，没有和古代决裂，反而不时地把古时的元素重新纳入现代科学。

埃里蓬：今天，您是否继续关注语言学的发展？

列维–斯特劳斯：现在的语言学太高深，太晦涩了，我都看不懂了。像雅各布森那样的语言学我懂，而且像侦探小说一样引人入胜。当然这部分是因为雅各布森口若悬河，有戏剧表达能力。虽然班文尼斯特和雅各布森的性格大相径庭，但是读这两位结构主义大师的著作，会感到（相信今天的读者依然能感到）自己正在经历一场思想大历险。相反，今天的语言学著作很枯燥，读起来很乏味。

埃里蓬： 您对乔姆斯基①的"生成文法"不感兴趣吗？

列维–斯特劳斯： 我不否认乔姆斯基做出的贡献。他的作品在应用语言学的某些领域的发展以及在翻译机的开发中扮演了重要角色。但我也得承认，他的作品是经验主义方式和学术辩论的大杂烩，和我的思维方式相去甚远。

埃里蓬： 可是，您的作品也算得上是开创"生成人类学"的尝试，或者说，您关于神话分析的研究称得上是"生成神话学"。我没记错的话，您自己也用过这样的说法。

列维–斯特劳斯： 我们的共同想法是，思想掌握的资源虽有限，但可以获得的组合却是无限的。但一些哲学家草率地从乔姆斯基的语言学理论中得出形而上学的结论，这让我感到担忧。口语交流是人类独有的，这我同意。人类通过有限的发音规则，能说的话是无限的，这算是奇迹吗？是否由此可以推断出，人类是万物之灵、独一无二？

第一个结论是语言学家提出的，多少成立：因为语言

---

① 诺姆·乔姆斯基（1928—　），美国语言学家。

组合非常丰富，人类能说的话似乎也是无限的。但也应看到，当规则数量有限，使用的词汇量在某个时间内也有限，要创造长度无限的句子，最后只能造成语言的中断，因为句子越长，可能性就越小，甚至消失。哪怕说话就像下国际象棋，说话者和棋手能创造出无限的组合。但是第二个结论是形而上学的推断，是穿着人文主义外衣的神秘主义。这让我想起许多生物学家的理论，他们拿基因做幌子，认为每个人的基因都不同且不可取代，所以有道德义务尊重每一个人。姑且承认无论在任何时代，每个人都是独一无二的，但就算如此，人和其他生物也没什么不同，因为哪怕是最微小的生物，也有独一无二的基因，而人并不因此尊重别的生物。科学不能炮制出只为人类利益服务的道德观。

第十二章
苏族人的哲学与科学

埃里蓬：《原始人的心智》这本书是献给已过世的莫里斯·梅洛-庞蒂的……

列维-斯特劳斯：为了向他表示感谢。在讲到我怎么入选法兰西学院时，我们提到过。

埃里蓬：……书以和萨特的争议收尾。自1962年后，这三十多页内容引发了不少论战。

列维-斯特劳斯：《辩证理性批判》是1960年出版的，当时我正在写《原始人的心智》。我花了在高等学院教书的一年时间来研究萨特的书。吕西安·瑟巴也帮了我，他和我同时读《辩证理性批判》，我们通过近乎对话的方式讨论书的内容。萨特的观点和人类学家的观点截然相反，我们认为，人类学是理解人类思维如何运作的方式之一，在我看来，萨特觉得人类学碍手碍脚，情愿找个借口让人类学从此消失。

埃里蓬：您和萨特当年引起的论战很激烈。

列维-斯特劳斯：算不上论战。据我所知，萨特从来没做出回应，只有一次例外，他在接受采访时说，我什么都不懂。

埃里蓬：在我印象中，他好几次做出了回应：1966年，他在《拱门》杂志里宣布，历史会淘汰人类学，其中也有您的缘故。同样，1966年，萨特在一次关于人类学的访谈中表示，人类学有两种：一种是人类学家发明的，人不过是客体；另一种是他自己尝试建立的"哲学人类学"，将人当作"客体-主体"。访谈收录在《处境》第九卷中。

列维-斯特劳斯：您比我知道得多，更说明我无意参与论战！

埃里蓬：您的确没有再反击。

列维-斯特劳斯：在我看来，这一点都不重要。《原始人的心智》最后一章纯属偶然，我和他的书出版的时间造成的偶然。

埃里蓬：您是说跳过最后一章读这本书也行？

列维-斯特劳斯：倒也不完全如此，因为我从中也提出了对于三个历史跨度的概念，和布罗代尔提出的不同。

埃里蓬：您对萨特的批评非常激烈。在《图腾制度》中，您说伯格森的哲学和苏族人的思想有相似之处，实在有意思，因为伯格森已经不在了……

列维-斯特劳斯：二者惊人地相似。伯格森的节选和我引用的苏族智者的话如出一辙。

埃里蓬：是的，但很难将萨特的思想看作和当作当代神话。

列维-斯特劳斯：我不会将二者混为一谈。伯格森思考形而上的问题，印第安人也会想这个问题，而苏族人已经这样做了。我之所以比较伯格森和苏族人，是为了向伯格森致敬，说明他的思想超越时空，深深植根于人类的思想，具有普世价值。

而萨特的情况正好相反。他的思想植根于他所处的时代、所属的知识分子小圈子的意识形态。将萨特的思想放在神话背景下考量，比如，法国大革命的神话（1789年的大革命的确是法国现代社会的建国神话），只能说明萨特思想的局限性，而缺乏普遍性。

埃里蓬：的确，萨特提出的问题之一就是法国大革命，以及它如何塑造我们的历史。但是您总得承认，大革命是一次重大事件吧？

列维-斯特劳斯：说"重大事件"不足以体现法国大革

命的重要性。大革命传播的思想和价值让整个欧洲，随后让全世界振奋不已。在此后的一百多年里，法国因大革命名声大噪，威震四海。不过，后来发生在欧洲的各种悲剧也许也因法国大革命而起。

埃里蓬：这怎么说？

列维-斯特劳斯：因为法国大革命告诉人们，社会是一种抽象的思想，但事实上，社会是由习俗和惯例组成的。大革命用理性破坏了习俗和惯例，摧毁了具有悠久传统的生活模式，让个人变成社会中可以随意取代的、无个性特征的原子。真正的自由离不开具体的内容，它由小小的归属感和团结互助所组成。这些所谓的理性思维猛烈抨击两者之间的这种平衡，达到目的后，它们只能互相摧残。今天的社会就是这种破坏的产物。

埃里蓬：法国大革命是当今世界的重大事件，为什么您认为这种说法带有"神话色彩"？

列维-斯特劳斯：……至少它与人们自十九世纪以来一直不断地编写的神话一脉相承，而且借法国大革命两百周年，又拿出来大肆宣传。

埃里蓬：萨特继承了这个神话？

列维-斯特劳斯：是的，因为萨特并不谈大革命的具体事件，只给那段历史勾勒了抽象的轮廓，所以，对今人来说，法国大革命实际上成了一个神话。

埃里蓬： 您觉得萨特属于十九世纪？

列维-斯特劳斯： 别故意引我说出诋毁萨特的话。无论人们怎么批评萨特，他的确是一位富有感染力的思想者，值得尊重和敬仰。更何况，十九世纪是科学、文学、艺术最发达的时代，若从事科学、文学和艺术，谁不愿意回到十九世纪？

埃里蓬： 您和萨特的论战代表了哲学和人文科学的论战，后来，论战愈演愈烈……

列维-斯特劳斯： 是的，至少别人是这么看的，而事实上，《原始人的心智》的最后一章深受哲学的影响。

埃里蓬： 刚才我提到，萨特曾两次做出回应；梅洛-庞蒂也写过《哲学与社会学》一文，1960年收录入《符号》。读两人的文章，会感觉到他们在捍卫哲学的优越性，而您反对这样的主张。

列维-斯特劳斯： 梅洛-庞蒂对哲学思维深信不疑。我还给您说过，他甚至想重现"哲学的黄金时代"。但他和萨特有一点不同：萨特把哲学变成一个封闭的小圈子，除了政治诉求外，他一概不问窗外事，对科学漠不关心；而梅洛-庞蒂却很关注科学，他比萨特多了科学上的求知欲。

埃里蓬： 在您看来，哲学在当今世界还有地位吗？

列维-斯特劳斯： 当然，前提是哲学思考必须基于当前的科学知识和科研成果之上。哲学之所以会有梅洛-庞蒂所说的"黄金时代"，是因为当时的哲学家也是同时代最伟大的学者，他们的哲学思想是以科学研究为依据的。今天，哲学和科学的功能一分为二，但哲学家不能不懂科学，因为科学不仅拓宽了我们的视野，深刻改变了我们的人生观和世界观，也彻底改写了思维的运作法则。

第十三章
在历史的垃圾桶里

埃里蓬：您和萨特的论战不仅是人文科学和哲学的交锋。您批评萨特过于抬高历史的地位，所以这场论战也涉及人类学和历史的关系。人类学和历史的关系是您的著作中反复讨论的议题。1949年，您发表了题为《历史与人类学》的论文，收录在《结构人类学》的开头。

列维-斯特劳斯：我批评萨特的不光是他抬高历史，而是他创建了一种历史哲学。我刚才说过，在我看来它属于神话领域，我本人对历史非常感兴趣，从小就感兴趣！

您提到的文章是1948年写的，我记得当时是《形而上学与伦理学》期刊来约稿的，可能是我自己想写的。反正文章的灵感来自吕西安·费夫尔，我读了他的著作有感想。

埃里蓬：您认识他？

列维-斯特劳斯：我回法国时就和他认识了，那是

1948年。他读了我在《文艺复兴》（纽约的自由高等学院办的期刊）上发表的《亚洲和美洲艺术表现的两重性》，颇有感想①。他成立了高等学院（后来改名"社会科学高等研究院"）六系后邀请我去讲课。

埃里蓬：文章是1949年发表的，有些片段让人印象格外深刻："一切皆历史"，还有"史料不足强过没有历史"……

列维-斯特劳斯：马林诺夫斯基以及当时常往来的几位美国人类学家对待历史的态度让我震惊。他们中有许多人深信，实地考察前，理想的状态是对当地人一无所知，了解了当地历史或是阅读了前人的记录，会让考察中所见所闻不客观。他们以为这样做可以保证观察直接、见解独到，而实际上，这样只能局限自己的观察。这种想法实属幼稚、诡辩。

埃里蓬：几年后，布罗代尔以类似的理由批评您。在《论历史》中，他引用了您在《沉睡的迪欧吉尼斯》中的一句话。您是这么写的：要了解古希腊文明的利弊，和柏

---

① 《亚洲和美洲艺术表现的两重性》，克洛德·列维-斯特劳斯著，1944到1945发表于《文艺复兴》杂志，第2—3卷。后收录于《结构人类学》第8章，鲁西安·费夫尔著。《借鉴，抑或人类共同的资产？》收入1951年《年鉴》杂志，第380—381页。——原注

第十三章　在历史的垃圾桶里

拉图同时代的人聊一个小时，比读完所有史学家的作品还要有收获。布罗代尔评论说：是的，的确如此，但这是因为在回到古希腊前人们已经读了这么多历史著作。①

列维–斯特劳斯： 我不过开了个玩笑，以布罗代尔的背景，他肯定会批评我。但是，假如能在五世纪的雅典拍一部五分钟长的视频，肯定会彻底改变今天历史学家对古希腊的认识。我刚才说，实地考察前应当充分准备、阅读资料，但阅读和准备并不能取代实地考察本身。

埃里蓬： 您在这篇1948年写的文章中还表示，历史和人类学的研究课题是相同的：探索社会生活。但前者是从有意识的表达出发，而后者是从无意识的表达出发。这句话也引发了许多评论……

列维–斯特劳斯： 这句话受到了年鉴派的历史学家批评。他们不理解的是，我的文章是在考虑了极端情况后才写的：一方面是最传统意义上的历史，以王朝、结盟关系、战争、协定为研究对象的历史；另一方面是以结构主义分析方法出发的人类学。但我也看到，前者完全以书写记录，也就是有意识的表达出发，而后者是想通过观察到的实践总结出背后无意识的机制。

---

① 《论历史》，费迪南·布罗代尔著，大地系列，1969年弗拉马里翁出版社出版，第58页。——原注

在鲁西安·费夫尔以及和他同一流派的学者的作品中，历史和人类学的这种对立消失了。出现这样的变化，一是因为费夫尔本人从涂尔干的社会学里汲取了营养（他想让历史从有暴政之嫌的权威中解放出来）；二是因为人类学家的作品给历史学家带来的启发。所谓的"新历史学"得益于人类学。我写这篇文章是为了证明，将历史和人类学对立的做法不仅有害，还已过时，应当被淘汰。今天，人类学家和历史学家可以紧密合作，共同研究。

埃里蓬：事实上，合作已经开始。

列维-斯特劳斯：三十多年来，我们两大学科逐渐形成了对话。现在历史学家明白了，人类学家研究的日常生活琐事也是有价值的，而过去的历史学家对此嗤之以鼻。我曾在美国说过（那是1952年，在维纳-格兰基金会举办的人类学大会上），我们人类学家是在历史的废物堆里拾荒，在历史的垃圾桶里淘宝。听众的反应不一：别的人类学家不喜欢我的比喻。会后，玛格丽特·米德走到我面前说："有些话不该明说。"我和她就是从那时起成了朋友，直到她去世。

这段插曲长期被人诟病，也在专栏、回忆录和文学作品里流传。历史学家发现人类学家的实地考察也是同样性质，他们可以利用。

第十三章 在历史的垃圾桶里

1950年前后,我正在如痴如醉地读阿尔弗雷德·富兰克林的系列作品,那是关于从十三世纪至十八世纪法国私人生活的丛书之一,我从旧书店淘到的。整个合集一共有二十多本。富兰克林是马萨林图书馆①的文献保管员,当时普鲁斯特也在同一家图书馆工作,据说他从不来上班,但他的上司也以自己的方式追忆似水年华,成果颇丰!富兰克林的书早就属于我们今天所说的历史人类学的范畴,是在历史学家中颇为流行的领域,也让他们出尽了风头。比起南美洲印第安人或者梅拉尼西亚人,公众——出于我们可以理解的原因,对于自己祖先的生活更感兴趣……

埃里蓬: 也有人说,布罗代尔写那篇关于长期影响的文章是为了防止您对历史学家影响过深。

列维-斯特劳斯: 我没有那么自大,不会相信这样的说法。我觉得他写这篇文章是出于其他的原因,也是更光彩的原因。不过我也承认,在某个时间段,人类学备受公众关注,这让历史学家感到担忧。几十年后,鲁西安·费夫尔和涂尔干学派的情况又重演了。在那两次交锋中,历史学保持了独立性,通过与人类学的竞争而变得丰富。

埃里蓬: 反之亦然,人类学同样借鉴了很多历史学的

---

① 马萨林图书馆,位于巴黎六区,塞纳河边,曾是十七世纪红衣主教马萨林的私人图书馆。

东西。

列维–斯特劳斯：没错。可以说，人类学家研究的是空间中的社会，历史学家为我们加上了时间上的维度。这相当于给我们作为素材的"现成"经验做了乘法，素材丰富了许多。由此引发了耐人寻味的反转。首先，年鉴学派摒弃了老派的历史，以历史记载和备忘为主的历史，转向了更深层次的人口、经济或思想范畴；而人类学家则朝相反的方向发展。因为历史事件，哪怕是朝野逸闻，都可以帮助我们了解昔日的联姻、亲属关系网的形成，家族遗产继承。上至皇室或贵族，下至乡野平民，从这个角度出发，我们能够发现其中的转折点、节点，以此比较远古的异域社会和我们所在社会的古代时期有何异同。在此，历史学和人类学再次相交，从这个交汇点——希望如此，两门学科就走上了同一条路。

埃里蓬：在1949年的这篇文章中，您说"精神的无意识活动"，就要给"内容"强加"各种形式"。您还说，这些形式在各个社会都是相同的，无论是古代还是现代，原始还是文明社会。您的言论引发了历史学家的批评，说您对大脑运作的理解是反历史的。

列维–斯特劳斯：这纯属误会。我之所以重新提出"人性"这样的旧概念，是想提醒读者，在世界各地，人脑的构造都是一样的，所以大脑运作所受的限制也是相同的。但思想在世界各地要回答的问题是不同的，因为问题形式多样，由每个社会在某个特定时间段的地理、气候、文明程度，近代和古代历史所决定；而且每个社会成员要回答的问题也不同，因其个人脾性、经历、在群体中所处的地位而异。人的大脑构造到处都相同，而输入和生成的数据不同。

埃里蓬：但有人说您的言论是"新埃利亚主义①"（拒绝行动）。

列维-斯特劳斯：这纯属无稽之谈，有时批评我偏好静止的历史学家，首先应当认识到这一点。如果我们不先承认我们和古人有共通之处，人的思考方式本质上是相同的，怎么可能了解距我们三四个世纪的古人的想法？否则，去者不可测，来者不可知。历史学家把这一老话当作理所当然，看不到它所带来的大问题，其他人有权利且有义务质疑它。

埃里蓬：为了摆脱历史学家的批评，您引入了以下概念，一是"冷社会"，是人类学家研究的对象，冷社会里

---

① "新埃利亚主义"，古希腊哲学流派之一，主张唯静主义一元论，即世界的本源是一种抽象的存在，因而是静止的、永恒的，而外在世界是不真实的。

不存在历史；二是"热社会"，是历史学家研究的对象。但冷热社会之分与其说解决了问题，不如说引发了更多的争议。

列维–斯特劳斯： 这个概念是我在接受乔治·沙博尼耶的采访时提出的①。我在法兰西学院讲的第一堂课上再次提出这个概念，就是为了消弭误会。其实我说的"冷社会"和"热社会"都是极端情况。我反复说，在书里也是这么写的，没有哪个社会是绝对的"冷社会"或"热社会"。这是两个理论概念，我们需要它们，以便提出自己的假说。现实中的社会沿轴心呈线形分布，但并不占据两极。

再者，我提出的并非界定不同类型社会的客观标准，我的依据是人类社会对待自身历史的主观态度。说到"原始"社会时，之所以"原始"要加双引号，是因为这样的用词是不恰当的，只不过人们说惯了难改口。但从某种角度上来说，"原始"一词也很恰当：我们所谓的"原始"社会其实根本不原始，但他们愿意如此，他们幻想着自己还是"原始"的，因为他们追求的理想状态就是一直停留在造物神或祖先创世之初的状态。当然，这只是他们自欺欺人的想法。事实上，"原始"社会也逃不开历史的洪

---

① 《克洛德·列维–斯特劳斯访谈录》，乔治·沙博尼耶著，1961年大联盟出版社出版，1969年普隆–朱利亚尔出版社再版。——原注

流。虽然他们怀疑历史、厌恶历史,但还是被历史的大潮所冲走。相反,"热社会"——比如我们所处的社会,对待历史的态度截然相反。我们不仅承认历史的存在,还崇拜历史——萨特的例子就很有说服力。我们对共同的历史的认识,更确切地说,是我们对共同的历史的解读,有利于我们称赞或批评当下社会的走向,并引导其未来。我们反省自己的历史,将它变成我们道德意识的组成因素之一。

埃里蓬:1975年您和莫里斯·高德烈还有马克·奥吉的辩论发表在《人》期刊上[①]。您在文中提出的一些话很少被引用,却很好地总结了您的历史观。比如,您说道:"在历史不可约的偶然性面前要保持谦卑。"

列维-斯特劳斯:这是《从蜂蜜到灰烬》结尾的一句话。马克思主义者或新马克思主义者指责我忽略历史,我告诉他们:忽略历史或对历史置若罔闻的正是你们,因为你们用所谓的历史发展规律取代了真实、具体的历史,只有马克思主义才承认这种历史发展规律。我尊重历史、热爱历史。因为历史让我感到,任何思想构造的模式都无法取代现实中事件发生的不可预见性。在我看来,事件的偶然性就像不可约的数据。这么说或许不好听,但结构性分

[①] 《人类学、历史、意识形态》,发表于《人》杂志(1975年7—12月号),第177—188页。——原注

析面对历史的偶然性是"无可奈何"的。

埃里蓬： 您拒绝承认存在"历史的法则"。

列维-斯特劳斯： 变数如此之多，参数如此之众，或许只有神的旨意才能知晓或明白现在发生的事和未来要发生的事。历史已经证明，人类一错再错。我们说"二者必有其一"，实际上正确的总是第三个。

埃里蓬： 既然历史是绝对的偶然，那么历史分析还有必要吗？

列维-斯特劳斯： 当然有必要。事件发生前总是不可预见的。发生后，我们可以尝试着理解和解释事件。可以在事件之间建立联系，事后抓住事件发生的先后顺序中存在的逻辑性。仅在当下是无法预测未来会发生什么，因为能想象到和根本无法想象的可能性太多了。

第十四章
追随掏鸟窝的人

埃里蓬：1964年起发表的《神话学》是您在高等学院五系授课的讲义。

列维-斯特劳斯：这些课，更准确地说，这些讲座让我慢慢探索了好多年。我已经知道该怎么做，但一边做一边仍在犹豫。最初，普韦布洛族人的神话之所以吸引我，是因为它自成体系，内容丰富、充实，文本具有一定的同一性，因此，通过人类学家的努力，在几十年内就收集成册，当然，都是美国人类学家。鲁西安·瑟巴和让-克洛德·加尔丹想帮我给素材分类，初步消化一下。在讲座上，我每次挑一个神话，大家一起分析，效果很不错，但很快我就觉得，普韦布洛族人的神话过于封闭，自说自话。我需要更广的素材来测试分析方法，所以决定再从波洛洛族人关于掏鸟窝的人的神话出发。早在几年前，《神话学》伊始，我就对这个神话感兴趣。

埃里蓬：在四卷《神话学》中，您解读了八百一十三个神话，还有上千个变式。而且您说，这只是素材的一小部分。您是从哪里找到这些神话的？

列维–斯特劳斯：有神话的地方我就去收集。关于某个民族或某个部落的专题中，作者在研究了它的物质文化、社会生活和家庭生活后，几乎都会收录几个神话。许多民族都有现存的风俗志，几乎全是神话。我按照自己的研究需求全都读了，因为我下笔之前需要通过一次理性的、有条不紊的方法把神话梳理一遍，在正式动笔之前我花了整整十年。

埃里蓬：然后您就动笔了？

列维–斯特劳斯：我写这本书的出发点是我早就观察到的一个现象。我在巴西旅居期间熟悉的部落，比如波洛洛人和与他们最近的部落同属杰语（Gé）语系，他们的社会结构很相似，虽有差异，但可以看作同一个"转换"过程的不同状态：我有好几堂课、好几篇文章讲的都是这个假说。由这个假说我又推出了一个新的假说：这些部落的神话之间的异同可否做同样的解释？

于是我开始研究巴西中部的神话学，发现相邻部落的神话或相同、部分吻合或相矛盾，不一而足。研究一个神话就会牵扯到其他神话，我把这种现象称作"语义感染"。语义感染在邻近的部落蔓延，且同时向好几个方向发展。就好像我们达到了一个视野广阔的地方，而每个远景，又将把我们带到其他视角，目光又可以投向新的方向。

埃里蓬：这就是您说的"玫瑰线式"。

列维-斯特劳斯：无论我选哪个神话做中心，它的变式都呈发射型在四周分布开来，组成玫瑰线图案，越往外延伸，图案越复杂。假如从外延选择一个变式做新的中心，又可以生成同样的玫瑰线式，这第二个玫瑰线图案和第一个有部分重叠，部分超出。以此类推，虽说能形成的玫瑰线图案是有限的，但我们可以一直生成新的玫瑰线式，直到回到起点。最后，我们可以从起初看似杂乱无章法的图景中看到，这个网络实际上经络分明，有明显的主线。

埃里蓬：您这个方法有"比较主义"的嫌疑。在《面具之道》的结尾，您对那些满足于研究一个社会，或将一个社会独立出来研究的人类学家提出了批评……①

列维-斯特劳斯：先把话说明白了，那些愿意花几个月、几年，有时甚至花十多年来研究一个种群的人类学家值得我们心怀感激。没有前人铺路，我们后人就一事无

---

① 《面具之道》，克洛德·列维-斯特劳斯著，1979年普隆出版社出版，第145—148页。——原注

成。但问题在于有人要将之理论化。若只依据一种没有广泛意义的经验做理论，必然有风险，因为这次经验只是成千上万种可能性中的一种。

说到比较法，我常说，比较法不是先比较，再转为概论。和人们通常认识的相反，有了概论才能比较，概论是比较的基础。面对多项经验，我们首先要看，我们所观察和描述的事实在哪个层面上是可以相互转化的。只有当我们能够用同一种语言表述这些事实，再加上预先的深入认识，所做的比较才是合理的。

埃里蓬： 要做比较，先要界定地理范围，只有在这一特定的地理范围内，各个社会之间的关系才是可知的，否则……

列维-斯特劳斯： ……否则就会做出过度简单的判断，让人们对比较本身丧失信心，就像在十九世纪那样。

埃里蓬： 这么说来，您比较不同的神话时，首先要假设不同民族间存在着共同的历史。

列维-斯特劳斯： 这是严谨治学的法则，是鲍亚士提出的。但我们偶尔也可以偷个懒，我在一篇现在还没发表的文章里，比较了《圣经》关于割礼的表述和波洛洛人关于

第十四章　追随掏鸟窝的人

戴阴茎罩的说法①。这种大胆的比较所产生的想法有时已经超出了人类学的范畴。我们无法从中得出任何结论，唯一可以推断的是，人的思想所能到达的可能性是有限的，因此，相似的思维模式会在不同的时空重复出现，虽然两者没有其他联系。这就像个万花筒，里面装着数量有限的半透明彩片：理论上讲，多次转动万花筒后，完全有可能看到两个相同的图案。虽然可能性很小，但并非不可能。

埃里蓬： 的确，在《神话学》中，随着分析的深入，最终提到了古希腊神话。

列维-斯特劳斯： 我只是略提了一下，同样，我也引述了几个日本神话。值得先记下来，说不定以后要做解释。作为我分析神话的"暂定道德"②，我认定，人类的思想需要借助形式结构有限的资源。如能力允许，熟识古希腊和日本的专家可以从更深的层次解读这些神话。相信您也知道——因为杜梅泽尔在与您的访谈中肯定提到了——日本学者以为在朝鲜半岛和日本也找到了印欧三分结构③。

埃里蓬： 您是否想过，所有这些神话都可以追溯到更

---

① 《出埃及记趣谈》，克洛德·列维-斯特劳斯著，发表于《人》杂志（1975年7—12月号），第177—188页。——原注
② 笛卡儿提出的临时生效的道德规范。
③ 杜梅泽尔研究比较神话学提出的概念，认为社会中分为三类人：祈祷的人、战斗的人和劳作的人。

远古的旧石器时代的共同范式？

列维-斯特劳斯：如果俯瞰全世界的神话，可以看到，有些主题过于雷同、过于主观，不可能是单独想出来的。神话之间的相似性或许是近代、古代或是远古，借鉴他族文化的产物。比如，神话中出现这样的情节，矮人族与水鸟交战：在古希腊、古罗马有，远东、美洲也有……是被这些地区的人分别想出来的吗？不太可能。若不是，这个情节是什么时候、通过什么途径传播开来的？我们对此一无所知。因此，我们可以异想天开：它或许是旧石器时代神话流传下来的，或距今只有几个世纪，而我们有朝一日可以重现这个神话传播的路线。这样的雷同都是个例，需要单独分析。

埃里蓬：您的书里有两种迥然相异的比较方法：《亲属关系的基本结构》使用的比较方法是对比不同的大陆；而在《神话学》中，您表示要刻意避免比较没有共同历史、共同过去的元素……

列维-斯特劳斯：这两种研究方法的目标是相同的，但写作时的背景不同。我研究亲属系统和婚姻法则时，很容易陷入冗长的个例解释。相反，研究神话时，则容易被表面的相似性迷惑，做全球范围的神话比较。因此，要抵制避难求易的倾向，反其道而行之。

第十四章 追随掏鸟窝的人

再者,两类现象并不处于同一层面。亲属关系和婚姻涉及社会生活的两大基石:就像分子层面的东西,我们知道,在这一层面,所有的生物都是相同的。而神话却向调查者呈现出更复杂、更多样的方方面面,所以先要化繁为简。

埃里蓬:尽管如此,您的作品有时被解读成是通过"转换"系统衔接全球各地的神话。

列维-斯特劳斯:这样的解读当然是错误的。研究亲属关系和研究神话还有第三个区别。1942年至1943年前后,当我研究亲属关系时,人们已经系统研究了一个世纪,可以借鉴他们的成果。这些资料都是用一种相对共通的技术性语言描述和分析的,用今天的说法就是:标准化的语言。所以我得以进入研究的下一阶段:比较。研究神话就不一样了,我掌握的只有最初始的原材料,几乎没人研究过。因此,我就得针对某个神话创立其专属的表达方式,若针对其他地区的同类研究也证实这种方式可用,那它就可以普及;或者,我需要找到和我创立的表达方式有可比性的其他方式,直到在更深层次上获得普遍的范式。这项工作还没有完成,我不会枉然下结论。

埃里蓬:从本质上看,您在《神话学》中运用的研究方法和杜梅泽尔的研究方法很相近:先界定一个地理区域,再试图从中找出相同的思维结构。不过,您和他的研究方法也有一个基本的区别：他手上有大量连贯的史料，而您在分析美洲神话时，受条件限制，无法挖掘其历史纵深。

列维–斯特劳斯： 杜梅泽尔对我的启发很大，这点无需赘述。读他的著作，我获益良多并深受鼓舞。但您提到的并不是我和他的唯一区别。杜梅泽尔和我的目标就不同，他想证明，亚洲和欧洲多处证实其存在的表现方式有共同的来源。而我恰好相反，我想证明的是从一开始就存在的历史和地理上的一致性：美洲先后有几波移民入主，他们都来自同一个地方；至于他们来到新大陆的时间，不同的学者认为，介于史前七十万年至一万五千年之间。所以我想找的东西和他不同：首先，厘清在历史上有共同点的神话之间的区别；其次，由个例出发，理解神话思维的运作机制。

*
 * *

埃里蓬：《神话学》的每一卷都有几百页。在《裸人》的结尾，您认为您的神话学著作可以看作一个整体。

列维–斯特劳斯： 大致如此。不过，写完第三卷后，我对自己说，《神话学》写不完了，因为我还得写好几本。我当时就决定最多再写一本，就是第四卷，这本书里要把

第十四章 追随掏鸟窝的人

我想表达的东西都写进去，哪怕仅一笔带过，或给出提示，鼓励后人研究。所以这最后一卷比前几卷都要厚，结构也更复杂，这一本书的内容抵得上两三本。

埃里蓬：您害怕这次尝试失败吗？

列维-斯特劳斯：我想起了索绪尔和他关于尼伯龙根的著作。他花了好多年，可以说花了大半辈子来解读尼伯龙根的神话、传说和历史。日内瓦图书馆保存了他上百本手稿，我借阅了手稿的胶片，其中的每个想法都让我着迷，而且我从中学到了一点：探索之路越来越复杂，总会有新的思路出现，索绪尔直到去世都没能发表这项庞大的研究成果。我感到自己也面临同样的危险，决定从中脱身。否则，我的学术探索会像他一样，无果而终。

埃里蓬：您研究神话时做的第一项工作就是给神话写故事梗概。我猜神话本身比您的梗概篇幅更长，内容更丰富。

列维-斯特劳斯：这真是冤枉我了。虽然部分细节在梗概中被我省略了，但在分析中我有提到。读者可能对这个神话一无所知，对美洲一无所知，要让他先对一个神话或一组神话有个总的印象，然后再让他进入细节，并通过分析展示它的作用和必要性，不省略任何细节。

埃里蓬：神话的故事很精彩，是当之无愧的文学作品。您能够沉浸在这样的文学作品中,应当感到很幸福。

列维–斯特劳斯:那些故事的确妙不可言,很多时候还很感人。但前提是,整理神话的人同时也必须是个优秀的故事家,可惜并不总是如此。我是从1950年开始研究神话学的,到1970年才写完《神话学》。这二十年间,我清晨就起床,如痴如醉地研究神话,真的是活在另一个世界里。

神话感染了我,需要吸收大量的神话才能运用自如。当你发现某民族的某个神话在邻近地区存在相似而有差异的版本,你得阅读研究这个地区所有人类学著作,了解它的环境、技术、历史、社会结构和可能解释差异的所有因素。我和这些民族与神话朝夕相处,就像活在童话里。

埃里蓬:这也是一次美学的体验。

列维–斯特劳斯:神话乍看像是字谜,所以美学体验就更加惊心动魄。神话的故事没头没脑,充满了荒谬的情节。你得在脑海中反复回味这个神话,这个过程持续几天、几周甚至几个月,直到灵感突然迸发,在一个神话中看似无解的某个细节也出现在另一个神话中,只不过形式不同,而由此就可以合二为一。单独抽出的细节本身无需具备任何意义,因为意义在于不同的细节之间的关联。

埃里蓬:您的四部著作的标题已经脍炙人口。《生食与熟食》《从蜂蜜到灰烬》《餐桌礼仪的起源》起到了提纲挈领的作用，展现由天性转为教养的过程。而最后一本却起名叫《裸人》……

列维-斯特劳斯：……回到了起点，因为裸之于教养，就像生食之于天性：第一卷标题的第一个字和最后一卷标题的最后一个字相互辉映①，就像从南美洲出发跋山涉水，到了北美洲的北方地区，最终又回到了起点。

埃里蓬：您给第一卷起名叫《生食与熟食》的时候，已经想好要给最后一卷起名叫《裸人》了吗？

列维-斯特劳斯：我当时想得并没有这么远，但大致知道自己的思路。神话把发明或发现食物烹调作为天性向教养转变的标准，以它为起点，跟着它的内在逻辑走，一个神话一个神话走，最终达到不以生食和熟食，而是以接受还是拒绝通商，即接受还是排斥超出本群体之外的社会生活，来界定天性和教养的神话。在集市和市场上，不同群体，甚至是对立的群体定期相聚交换食物或工业产品，由此形成先进的社会生活，可以与教养要求人违背天性煮熟食物的重大变化相比。

埃里蓬：您的书与"玫瑰线式"同时形成，从南美洲

---

① 按照法语的语序，《裸人》的最后一个字是"裸"。

延展到北美洲。

列维-斯特劳斯： 的确，在北美洲的西北部，从俄勒冈到英属哥伦比亚，神话像我说过的那样交会，这是因为部落间商贸往来高度发展。当地的神话和我选作出发点的南美洲的神话几乎一模一样，这很能说明问题。玫瑰线的两头跨越南北半球合上了。

埃里蓬： 您提醒说，您的出发点是波洛洛族关于掏鸟窝的人的神话，那怎么选择一个"参考价值的神话"来引出其他神话故事？

列维-斯特劳斯： 我第一次远赴南美时曾在一个波洛洛族的村庄旅居。我最关注的是他们的社会组织，等我到五系研究宗教科学的时候，我开始对慈幼会的传教士半个世纪以来收集的神话感兴趣。

埃里蓬： 也就是说您选这个掏鸟窝的人的神话纯属偶然？

列维-斯特劳斯： 一开始是的，就像我对历史的看法一样，今天再回顾过去，我可以解释当时的选择，甚至自圆其说。但在我做出选择的时候，纯粹是偶然的。

埃里蓬： 理论上讲，您原本可以选择其他民族的神话。

列维-斯特劳斯： 可能吧，但神话学的星球也是圆的，即使走不同的路线，也能回到出发点。不过，我后来意识

第十四章 追随掏鸟窝的人

到，这个神话在所有的印第安神话中占有重要位置，它连接了两个系统，一个是垂直关系的系统，另一个是水平关系的系统。换言之，一是上与下、天与地、自然与超自然的关系；二是近与远、同胞与外族人的关系。

埃里蓬：《神话学》的内容按地理位置排序，但随着书的深入，分析也越来越复杂。

列维-斯特劳斯：是的。四卷书有两条主线，一是按地理位置前进：在《生食与熟食》中，分析限于南美洲之内，集中在巴西中部和东部；《从蜂蜜到灰烬》扩大了研究的范围，向南北两个方向，但没有走出南美洲；在《餐桌礼仪的起源》中，我还是从南美洲的神话出发，但是选的是南美洲更北部的神话，讲的还是同样的问题，但意象不同，这个意象在北美洲的神话中更突出。如此一来就自然地从南美大陆过渡到北美大陆，可以说《餐桌礼仪的起源》涵盖了两个美洲大陆；最后一卷只讲北美洲神话，把读者带到更远的地方。说来也奇怪，在新大陆两端距离最远的地方，神话却最相近，真是个矛盾的现象，我至今仍在找答案。

您提到的第二条思路是逻辑上的，先后介绍的神话背后的问题越来越复杂。第一卷选编的神话研究对立的感官属性：生与熟、新鲜和腐烂、干与湿等等；第二卷中，品质的对立逐渐被形式的对立所取代：空与满、容器与内容、内与外等等；第三卷，《餐桌礼仪的起源》迈出了关键的一步，它探讨的神话不是由反义词组成的，而是由词语间相反的组合关系构成的：一对反义词可以相连，可以分开。研究这些神话想回答这样的问题：如何从一种状态过渡到另一种状态？

在这本书中，关于乘坐独木舟旅行的神话占据了中心地位，因为这类神话出色地回答了这类问题。启程旅行，渐渐地，近处越来越远，而远方越来越近。到了目的地，这对词的意思恰好发生了对换。旅行需要时日。因此，在神话的思维模式中，要让现有的关系之外的新关系在空间中出现，离不开时间这一元素。也就是说，神话越来越接近小说，这对两种文学形式都有影响。这也说明神话的思维模式越来越微妙地把词语结合起来，起初这些词语是从感官经验中得来，有具体的意象，而神话在潜移默化中把它们抽象化了。

埃里蓬：这就是您在《原始人的心智》中确定的逻辑思维运作的原理。《从蜂蜜到灰烬》里有段题外话，您在想，具有这种逻辑抽象能力的民族为什么没有像西方人在古典时期那样，逐渐过渡到科学和哲学的理性思辨。

列维-斯特劳斯：我也不知道。或许，发生这样的思维变化，首先要改变社会类型。

埃里蓬：的确，韦尔南①认为，在古希腊，先有城市的政治组织的出现，然后才有理性思维……

列维-斯特劳斯：是的，还有人认为，只有完全彻底地满足法律思想的内在要求，才会出现科学思想。这些不同的阐释不无道理。

埃里蓬：您的神话学探索之旅的终点是《裸人》的最后一章，题为《唯一的神话》。您是想说，这四卷中分析的所有神话不过是同一个神话的变式？

列维-斯特劳斯：至少是一个大主题的变式：从天性到教养的转变，代价是永远丧失与天空和大地交流的能力。人类神话的所有问题都是围绕这个主题展开的。

*　*　*

埃里蓬：您是否把《嫉妒的女陶工》看作《神话学》的一部分，虽然探讨的问题并不同？

列维-斯特劳斯：但讨论的命题是相同的，只有经验内容不同，用康德的话来说，就是美学内容。再者，语气也

---

① 让-皮埃尔·韦尔南（1914—2007），法国历史学家。

不同，这本书篇幅更短，节奏更快。《嫉妒的女陶工》之于《神话学》，就像芭蕾舞之于大型歌剧。

埃里蓬：您花了这么多年的心血研究神话，却说出了这样惊世骇俗的话：神话的科学还不成熟。

列维-斯特劳斯：这是我写完《神话学》的想法，我甚至在动笔之前就这么想了。在《生食与熟食》的卷首语里，我写道："要让神话研究成为名副其实的科学，几乎要从零做起。"虽然我反对，但是英文版的出版商还是给四卷书加了副标题：Introduction to a science of mythology。

埃里蓬：至少您向前迈出了一步。

列维-斯特劳斯：我想是的，但是距离神话研究成为科学还有很远的距离！下一期的《人》会发表我在社会科学高等研究院的同事让·裴提铎的文章，他是勒内·托姆①的弟子和合作伙伴。②他在文章中用灾难理论阐释了我1955年提出、并在《嫉妒的女陶工》中举例说明的一个范式。我看不懂，但知道数学家没有对我的研究中运用的数学模型嗤之以鼻，而是认真地分析神话，这让我很满意。

---

① 勒内·托姆（1923—2002），法国数学家。
② 《神话范式的形态动力学方法》，让·裴提铎著，1988年发表于《人》杂志，第106页。——原注

埃里蓬：在《神话学》中，您为什么没有像在《亲属关系的基本结构》里那样，做一个数学模型？

列维-斯特劳斯：我和数学家讨论过。有人告诉我，不是不可行，但对我来说难度太高，而数学家们都很忙，没空帮我做模型。《亲属关系的基本结构》的内容和代数还有置换群理论直接相关。而神话学的数学问题和使神话成形的美学形式密不可分。美学形式既是连续的，又是间断的，灾难理论为克服这一悖论提供了新思路。

再比如电脑，我听说在美国有人要用机器（我一直把电脑叫作机器）重新做一遍《生食与熟食》的模型。

埃里蓬：您知道结果吗？

列维-斯特劳斯：前后连接可能更严谨，但花费的时间太多了。发明这种方法的人当然也忙别的事情：他们成功地用电脑诞生了前五个神话，而我只用笔就分析了上百个神话，当然，我的分析里有一定的"艺术模糊之处"。

第十五章
思维活动

埃里蓬：我想问一个简单的问题：神话是什么？

列维-斯特劳斯：这个问题一点都不简单，因为有很多种回答办法。如果您问美洲的印第安人，他很有可能回答：神话是人还是百兽中之一员的时候发生的故事。我认为这个定义很深刻，虽然犹太-基督教的传统花了大量的笔墨掩饰这一点，但世间最悲怆、对于心灵伤害最大的莫过于此：人与万物共同生活在地球上，能够感知彼此的快乐，却无法交流。神话中的人与兽最初是可以对话的，神话认为，人失去与兽交流的能力代表着人成了人，也是生而为人的一大遗憾。

我们也可以通过与其他叙述文学的形式（传说、童话等等）做比较来定义神话，但这些文学形式之间的界限是模糊的。或许，在不同的文化中，传说、童话和神话扮演的角色不同，但它们都是同一种思想的产物，要分析神话，就要分析童话和传说等等。

这是一种什么样的思想？我之前说过，它和笛卡儿的思想不同，它拒绝分解难题，不接受部分的回答，希望能够做出囊括所有现象的解释。

神话的特点就是，面对某个问题，神话能将它拓展到其他层面，找到这个层面的同类问题：宇宙学、物理、道德、法律、社会等等。神话的表述最终会反映各个层面的问题。

埃里蓬：这就解释了您说过的套环游戏式的结构。

列维–斯特劳斯：某个神话在某种语言中表述的东西适用于某个领域，那么这种表述同样适用于存在同类问题的其他领域。

埃里蓬：正因为如此，您在《嫉妒的女陶工》的结尾批评了弗洛伊德，他只关注如何解读性密码。

列维–斯特劳斯：弗洛伊德的思想说也说不完，他的文本很含糊，有时还自相矛盾。但毫无疑问，性的含义在他的思想中占据主要位置。

埃里蓬：但在您分析的神话中，性无处不在，且暴力与性如影随形，让人震惊。

列维–斯特劳斯：之所以让人震惊，是因为性与暴力在我们的价值观体系和社会生活中占据重要的位置。别忘了，神话的主题不会抛开其他问题，只讲性，或只为了性而存在。神话的意义在于，证明这个问题和人们常常思考的其他问题有相似性，如斗转星移、昼夜交替、季节转换、社会组织、邻近群体的政治关系等等。神话的思维只面对一个问题，并将这个问题和其他问题做比较。它同时使用多套编码。

埃里蓬：神话通过一系列问题来解释。

列维-斯特劳斯：神话从不解决任何问题。所有的问题都相似，这就让人产生问题能够迎刃而解的错觉，因为我们意识到，在某种情况下是问题，在别的情况不一定就是问题，或者不是同一个问题。别人要求我们解释某个问题时，我们也会采用同样的思路，回答"就像……的时候"或"就像……的情况"。这既是我们的惰性，也是神话思维造成的，它让我们经常巧妙地使用这种方式，甚至代替了证明。

埃里蓬：再问一个"简单"的问题：神话有什么用？

列维-斯特劳斯：可以解释事物为何从起初的状态各异，成了今天的状态，而不是成为另一种状态。这正是因为，假如它在某个领域发生改变，由于万物共生，其他领域的事物也会变，世界就会大乱。

第十五章 思维活动

埃里蓬：神话是怎么出现的？肯定有世界上第一个讲神话的人！

列维-斯特劳斯：没错，但是，考虑到有了旧石器时代，人类的祖先生活的时代距离我们越来越远，您会发现，要回答您的问题不容易。一百万或两百万年前，人类的祖先或许已经学会讲话，不能排除他们已经会讲神话的可能性。伴随着时间的推移，神话开始转换：一些神话消失，一些新神话出现。在什么样的条件下出现？这就像霉菌，你看不到它是什么时候长的！一个人自己想出来的故事不会变成神话。要让它变成神话，这个故事需要发生一系列复杂而神秘的变化，被社会群体接受，因为这个故事能够满足群体在知识和道德上的需求。不断有人讲新的故事，有些流传了下来，有些被遗忘……

神话起源与语言起源相似，巴黎语言学协会严肃地提出，禁止问语言缘何而起，因为得到的回答肯定有臆想的成分。或许有朝一日，神经生理学能解决这个问题。无论如何，人类学和语言学家都无法回答。至于神话中的种种形象，与其研究它们的起源，不如研究各民族在思想上对于自己的神话持什么样的态度，因为神话总是有不同的版本。但我们要做的不是在不同的版本中挑三拣四，进行批评，说这个版本是唯一真实的，或者比其他版本更真实；

我们要同时接受所有的版本，不为各版本的差异所困。在世界各地进行的神话研究说明这种心态广泛存在。我们要认真研究它，与我们自己的历史观做比较，因为在我们的社会中，历史也存在不同的乃至互相矛盾的版本。

埃里蓬：对您来说，一个神话，就是它各个变式、各个版本的综合。您并不想找出哪个才是原版？

列维-斯特劳斯：神话里没有哪个版本是对的，也不存在最原始或最正宗的形态。应当认真对待所有的版本。

埃里蓬：在《嫉妒的女陶工》的结尾，您说神话是一面"放大镜"，突出了我们惯有的思维模式。这是《神话学》系列中贯穿全集、提纲挈领的命题？

列维-斯特劳斯：这和《亲属关系的基本结构》是相同的命题，只不过《神话学》研究的不是社会现象，而是宗教现象。但二者提的问题是相同的：当社会风俗或宗教活动出现混乱时，我们是继续从每个研究个例中寻找片面的解释，还是尝试着发现其中暗藏的秩序、深层次的结构？找到了这种秩序和结构，就能反映千变万化的表象，一句话，战胜无序。《亲属关系的基本结构》和《神话学》在不同的领域提出了相同的问题，而且思考的步骤是相同的。

埃里蓬："放大镜"从何说起？

列维-斯特劳斯：在我所有的神话学著作中，我都想证明，我们永远无法达到终极意义。更何况，人生真的存在终极意义吗？我之所以能从神话中解读意义，在某个时间、某个情境下讲神话、听神话的人之所以能从中获得意义，正是因为同一个神话在另一个时间、另一个情境下，对另一些讲故事和听故事的人来说，有其他含义。

神话提供了一个框架，根据构筑框架的规则就可定义。从这个框架中可以读取意义，但不是神话本身的含义，而是神话以外一切事物的意义：蜷缩在意识边缘的世界、社会、历史百态，以及人们提出的相关问题。神话提供了可理解的矩阵，使之成为一个和谐的整体。我对神话的功能的理解和波德莱尔对音乐的功能的理解是相符的。波德莱尔讲到《罗恩格林》①的序曲时，举例说明作品的每个主题都有不同的内容，而所有的内容都归结为少数不变的特性。②

若我们思考"具有……的意义"这个词在一般情况下的意义，我们会发现所谓的有意义就是在另一个领域找到与我们想寻求的意义对应的形式，最终在逻辑上形成一个

---

① 德国作曲家瓦格纳创作的三幕浪漫歌剧。
② 《理查德·瓦格纳和在巴黎上演的唐怀瑟》，夏尔·波德莱尔著，收录于《波德莱尔作品全集》，"七星文库"，伽利玛出版社，第1211—1214页。——原注

圆，字典就是最好的例子。要解释一个词语的意思，需要运用其他的词语，而要解释这些词语的意思又要用到别的词语。理论上讲，这种周而复始可以让我们回到出发点，虽然编纂字典的人竭力避免这样循环式的定义。

我们在其他语义场找到一个词或一个想法的对应物时，就认为自己发现了这个词或想法的含义。所谓的含义，就存在于这种对应关系之中。无论是词还是概念，都是如此。神话是通过意象和事件推进的，而意象和事件大于词和概念，所以它更明确地、更广泛地体现这种现象，也反映了思维活动的大致条件。

第三部分

多元文化，单一文化

第十六章
种族与政治

埃里蓬：您在法兰西学院上的第一堂课上，提出了人类学何去何从的问题。今天，您怎么看待这个问题？

列维-斯特劳斯：我不得不先提出些新情况，因为在过去的四分之一个世纪中，时过境迁，当时的情况和今天不完全一样，尤其是人类学所研究的社会。

埃里蓬：因为人类学家只对传统社会感兴趣，而传统社会一个接一个消失了……

列维-斯特劳斯：您知道吗，早在十八世纪就有人这么说！人类学最早的协会是这么解释他们的使命的：传统社会岌岌可危，要抓紧时间研究。我出生的那年，弗雷泽①在利物浦大学讲了他的第一堂课，说了同样的话。这句话

---

① 詹姆斯·乔治·弗雷泽（1854—1941），英国人类学家。

已经成为人类学研究的主旋律。我承认，传统社会消失的速度越来越快，可以合理地推测出所有的传统社会都有消失的那一天。可是，在几十个、上百个现在还存在且不会在几年内消失的社会中，没有被研究或没有被好好研究的主题还有很多，这应当激励我们加倍努力，而不是放弃努力，哪怕我们已经可以预见这些文化有朝一日将不复存在……古希腊和古罗马早就消失了，但我们继续研究这两大文明，且提出新的看法。

埃里蓬：可古希腊和古罗马留下了很多文件、纪念物……

列维-斯特劳斯：我们就是活生生的纪念物，因为我们重视古希腊和古罗马，今天的古希腊和古罗马是我们研究的产物！

埃里蓬：您认为，要找到巴西的某个部落的资料和文物，像古希腊和古罗马一样容易吗？

列维-斯特劳斯：如果关于某个民族的研究著作甚少，或者质量不佳，或者研究的时间不够长，那很不容易。一旦这个民族消失，我们就再也找不到它的痕迹。可是——我说的话只针对美洲，因为我最了解美洲，美国国会图书馆、美国哲学协会和其他机构的文献储备很丰富，有大量手稿等待着人们去研究，甚至还没有被编入书库的目录。

埃里蓬： 这些都是沉睡的宝藏？

列维-斯特劳斯： 是的，文献数量之多不亚于古希腊和古罗马。

埃里蓬： 人类学并非一门行将就木的科学……

列维-斯特劳斯： 人类学的性质变了。若再无传统社会可供我们做实地考察，我们可以研究文献和思想史，专门研究只能通过前人收集的资料才能研究的文明。兴许面临同一化风险的人类可以由此产生新的差异，谁知道呢？

埃里蓬： 您感觉人类渐渐变得绝对同一？

列维-斯特劳斯： "绝对"一词言之过甚，但全球各文明从未像今天这样高度相似。

埃里蓬： 为避免全人类变得单一，人类学的方法之一不正是研究当代社会、和我们相近的社会，比如法国的乡村。

列维-斯特劳斯： 这类研究既不能拯救人类，也不是权宜之计。这类研究本身就具有价值，它之所以发展得较晚，是因为我们自以为了解自己的社会多于别的社会。毕竟，研究传统社会更加紧迫，而且，我们可以通过几个世纪累积的档案，我说的档案是广义的，了解我们所处的这个社会的历史。要了解巴西中部或美拉尼西亚的社会，史料只能提供5%或10%的信息，剩下的全凭人类学研究。要研究西方社会，史学和人类学的比例恰好相反。人类学家

第十六章 种族与政治

能做的只能是补充历史学家的工作成果，让它更加丰富。

埃里蓬：人类学的未来也取决于学术机构。在您看来，今天人类学学科是否比您刚开始关注人类学时更受重视？

列维–斯特劳斯：我的人类学学术生涯起步的时候，法国大学里还没有设立人类学的讲席。第一个讲席是马塞尔·格里奥尔的，是战前还是战时设立的，我记不清了。今天，人类学已成为独当一面的学科，在大学开课。但教职和讲席的数量和人类学研究之紧迫性相比，依然不足。

埃里蓬：人类学研究和其他学科一样，都会碰到经费不足的问题：需要财政预算！

列维–斯特劳斯：有一个区别：人们承认物理学家或生物学家没有预算，实验室只能停工，因为他们只能在实验室里做实验或检验同行的成果。但人们并不怎么承认，人类学家的实验室在千里之外的异国，要去那里，或去那里生活，也需要经费。

* \
* *

埃里蓬：1952年，您发表了《种族与历史》，这本书标志着您跳出了纯人类学范畴，进入"政治学"领域，而政治学永远与当代社会的问题直接相关。①

列维–斯特劳斯： 这本书是应邀写的，我觉得我不会出于自己的意愿写这本书。

埃里蓬： 当时您是怎么受邀写这本书的？

列维–斯特劳斯： 联合国教科文组织邀请多位学者写一个种族问题的系列：一本莱里斯写，一本我写……

埃里蓬： 您在书中肯定了文化的多样性，质疑进步这个概念，声称各文化应当形成"联盟"……

列维–斯特劳斯： 总的来说，我在这本书里试图找到让进步这个概念和文化相对主义的共存之道。进步这个概念指的是，在特定的时间或地点，某些文化优于其他文化，因为前者创造的成果是后者无法达到的。文化相对主义则是人类学思想的基础之一，至少对于我这一代和我之前的人类学家来说是如此（今天还有人反对文化相对主义）。它认为，没有任何标准能够做出绝对的判断，认为一种文化比另一种更优越。我尝试着转移这个论题的重点，如果说在某些时代、某些地域，一些文化在"变动"，而另一些文化"静止"，这并不是因为前者比后者优越，而是历史或地理背景造成的，各文化的贡献不同，但并无高下之

---

① 《种族与历史》，收入《结构人类学》（第二卷，第十八章），1973年普隆出版社出版。——原注

第十六章 种族与政治

分（没有任何东西能得出这样的结论）。各文化通过相互借鉴或刻意相对而产生变动，相互启发，相互刺激。而在其他时代，其他地域，有些文化保持独立，像闭塞的人群，静止不动。

埃里蓬：这篇文章成为反种族主义的经典，连高中生都在读。1971年，您写了第二篇文章，题为《种族与文化》①，是不是想破除前一篇文章的迷信现象？

列维–斯特劳斯：这篇文章也是应联合国教科文组织的邀请写的，它当时开会庄严地拉开了国际消除种族主义年的序幕。

埃里蓬：后来您说："文章引起轩然大波，这正是我的初衷。"

列维–斯特劳斯：可能说得有点过了。但可以确定的是，文章的确引起了轩然大波，至少在联合国教科文组织引发了争议。《种族与历史》发表二十年后，教科文组织再次邀请我谈谈种族主义，或许指望我重复已经说过的话。我不喜欢重复，更何况，那二十年里发生了很多事情，至于我，面对那些泛滥的美好感情，我越来越生气，好像光凭善意就够了似的。我认为事实恰好相反，一方

---

① 《种族与文化》，收入《遥远的目光》（第一章），1983年普隆出版社出版。——原注

面，种族冲突日益加剧；另一方面，公众对于种族主义和反种族主义等概念的理解越来越杂乱，什么东西都扣上种族主义或反种族主义的帽子，这样做只会助长种族主义的气焰，而不是消除种族主义。

埃里蓬：在《种族与文化》中您提到了文化间的差异和对立，这和您过去的论点相矛盾。

列维-斯特劳斯：一点都不矛盾。人们断章取义地解读我的文章。我记得《人》期刊的一个评论家引述了《种族与文化》中的一大段话来证明我改变了立场。事实上，同样的一段话在《种族与历史》里也有。我觉得这段话很有用，就一字不动地搬过来了。

埃里蓬：《种族与文化》中争议最大的观点，就是您提出了文化之间的对立关系。

列维-斯特劳斯：在《种族与历史》的结尾，我提出了一个悖论。各种文化相遇时之所以有新的收获，正是因为彼此有差异。然而，这种交流会使它们逐渐同一：两种文化接触时彼此的收获很大程度上源自二者性质的差异，可是随着交流的深入，差异逐渐变少，直到消失，这不正是今天我们目睹的过程吗？顺便提一下，文化在变化过程中，由于互相交融，成了一个越来越大的熵——刚才您也提到，在已成为反种族主义经典的文章中对这一观点做了介绍（我深感荣幸）——它与被认为"种族主义之父"的戈平瑙①的思想一脉相承。这足以说明，现在公众的思想有多混乱。

其实，戈平瑙的思想很有现代色彩，因为他承认，可以通过他所谓的（这种说法也很现代）"结构中不同部分的相关性"形成稳定岛，并举了例子。他意识到，文化交融中产生的平衡和他认为不可逆转的衰落恰好是相反的。

我们从中可以得出什么样的结论呢？我们希望文化保持多样化，或在多样性中自我更新。只不过——这也是我的第二篇文章想揭示的，这种选择要付出代价：各种文化保留各自的生活方式和价值体系，坚持自身的独特性，而且这种状态是健康的，根本不像有些人试图让我们相信的那样是病态的。每种文化都在与其他文化交流的过程中发展。与此同时，也要抵御被彻底同化，否则一种文化很快就会丧失自己的特殊性，不能给其他文化提供可借鉴的东西。完全不交流和过度交流都是危险的。

埃里蓬： 您1952年的文章大获成功，而第二篇文章却不受待见，您怎么理解？

列维–斯特劳斯： 第一个文本是个小册子，而第二篇文

---

① 阿瑟·德·戈平瑙（1816—1882），法国贵族、小说家，提出"雅利安人是主宰世界的种族"。

章是为大会写的，从来没有以独立的形式发表。若第一篇文章的观点和第二篇相比较为保守，我无能为力，这两篇文章是一个整体。而且在第二篇文章中，我还试着加入了人口基因学的研究成果，所以它更难懂。其实，在《种族与历史》发表后，每年都有高中生来拜访我，给我写信或打电话，告诉我：我们要写读后感，但是您的文章我们看不懂！

埃里蓬：假如今天教科文组织再邀请您为同一主题的新会议写文章，您会写吗？

列维–斯特劳斯：我不怕写新的文章！

埃里蓬：可是报纸、广播台经常请您发表关于种族主义的观点，而您一般都拒绝回答……

列维–斯特劳斯：我不想回答是因为在种族主义的问题上，舆论是混乱的，而且不管我怎么回答，媒体最后都会扭曲我的观点。作为人类学家，我深信任何种族主义的理论都是用心险恶、荒谬透顶的。但种族主义的概念被滥用了，什么都可以往种族主义上套，所以种族主义已丧失了它的含义，与我们消除种族主义的初衷背道而驰。种族主义是什么？种族主义是一种明确的教条，可以用四点概括：一、基因和智力相关；二、同一群体的人具有同样的基因，而基因决定智力；三、被称作"种族"的群体可依

第十六章 种族与政治

据其基因的优劣划分等级；四、由于基因的差异，所谓的优等"种族"有权领导、剥削其他种族，甚至消灭他们。种族主义的理论和实践都是站不住脚的，批判它的理由有很多，在我之前或和我同时代的很多学者已经提出。我在《种族与文化》里也同样激烈地批判了种族主义。不过，文化之间的关系问题属于另一个层面问题。

埃里蓬：那对您来说，一种文明仇视另一种文明并不属于种族主义？

列维-斯特劳斯：假如把仇恨化为行动的话就算。一个文明在任何情况下都无权摧毁或压迫另一种文明。而要否认另一种文明，肯定要借助压倒一切的理由：比如种族主义或与之类似的理由。然而，一种文明在尊重其他文明的前提下，更偏好某种文明，这完全是正常的，这种现象也一直存在。属于正常的人类行为。若我们说偏好某种文明就是种族主义的表现，只会助长敌人的气焰，因为有很多无知的人会说，假如这就算种族主义的话，那我就是种族主义者了。

您知道，我很喜欢日本，以至于假如我在巴黎的地铁上看到一对外表像日本人的情侣时，会饶有兴致、满怀温情地观察他们，愿意为他们效劳。这算是种族主义吗？

埃里蓬：您满怀温情地看着他们就不算。如果您说，我充满仇恨地看着他们，那就算。

列维–斯特劳斯：可我也是依据这对情侣的外表、举止和所说的语言做出判断。在日常生活中，每个人都会依据这些信息来判断一个陌生人来自哪里……要是连这样的做法都要被当作种族主义而被禁止的话，那未免太虚伪了。

埃里蓬：有没有哪些长相的人让您一看到心里就不痛快？

列维–斯特劳斯：您想说的是哪些种族呢？当然没有了。有些群体看上去更赏心悦目，有些则其貌不扬。在巴西考察时，我发现，有些印第安部落男的俊、女的美，有些部落人人都长得像歪瓜裂枣。我觉得，南比克瓦拉人的女性普遍比男性好看，而波洛洛人则相反。我们判断美丑时运用的都是我们自己文化的审美标准，所以评判的结果只对评判者自己算数。

同样，我所在的文明有自己与众不同的生活方式和价值体系，因此，那些与西方文明截然不同的文明不一定很吸引我。

埃里蓬：您不喜欢异族文明吗？

列维–斯特劳斯：说不喜欢就言之过甚了。作为人类学家，我秉持客观的态度研究异族文明，尽可能地去接纳它。可是某些文明对于来自西方文明的人来说更加难以接受。

第十六章 种族与政治

埃里蓬：雷蒙·阿隆引用了您1967年写给他的信中的一段关于以色列政策的话，您是这么写的："当红皮肤的印第安人被消灭的时候，我尚且感到切肤之痛；面对巴勒斯坦的阿拉伯人的遭遇，我不可能无动于衷，虽然（事实的确如此）在我和阿拉伯人为数不多的接触中，我深深感觉到自己对阿拉伯人有一种挥之不去的厌恶……"[①]

列维-斯特劳斯：这句话有夸大其词的嫌疑。我只是跟着感觉写，不希望阿隆误解我的态度，以为我喜欢阿拉伯人。的确，在过去的几个月中，我去了几个伊斯兰国家——巴基斯坦和今天的孟加拉国，我都不怎么"来电"。在《忧郁的热带》里，我也承认了这一点。

这是每个人类学家都无法避免的情况，迟早会碰上。罗伯特·罗伊是伟大的人类学家，我有幸成了他的朋友。他写的关于克罗族和霍皮族的著作都很权威。尽管如此，他曾向我坦白，他和克罗族相处得很愉快，却很讨厌霍皮族。

埃里蓬：其实别人问您种族主义的问题时，关注的并非身处不同大陆的不同文明，而是在今日法国共存的各种文化以及人们所说的"多元文化社会"。去年还有谣传说，政府考虑请您出任主持《国籍法》改革委员会的主

[①] 《回忆录》，雷蒙·阿隆著，1983年朱利亚尔出版社出版，第520页。——原注

席,最后,还是放弃了,因为请人类学家来担任委员会的主席会引发争议。

列维-斯特劳斯:假如您说的确有其事,人们担心把移民和人类学家研究的部落画上等号会引发争议,这样的担心本身就很能说明问题,因为它暗示,在人们心中,不同的文明有等级之分。

埃里蓬:如果我对您关于种族主义的定义理解正确的话,您认为,今天的法国社会不存在种族主义。

列维-斯特劳斯:有些现象的确让人担忧,但并不属于严格的种族主义范畴——除非有人专杀阿拉伯人,对于这样的行径我们要刻不容缓地做出严厉的谴责。人们总是喜欢和自己的价值观和生活方式不发生冲突的社群,而不怎么喜欢其他社群,这样的倾向现在有,以后也会继续存在。可是,哪怕人们不喜欢某个社群,还是可以也应当和他们和平共处。比如,我的工作需要安静的环境,而某个移民的社群并不反感噪音,甚至喜欢热闹,我并不会怪罪他们,也不会鄙视他们的基因。当然,我并不希望和这个社群住得太近,假如有人因此指责我,我也会不高兴。

埃里蓬:在1988年的今天,还有没有哪个社会能保留单一文化,毕竟移民潮带来了人口大混合……

列维-斯特劳斯:单一文化的说法本身是没有意义的,

第十六章 种族与政治

因为单一文化的社会从来就没有存在过。从古至今,所有的文化都是混合、借鉴、交融的产物,虽然文化交融的速度不一样,但从未停止。从形成的方式来看,所有的社会都是多元文化的产物,几百年来,它们对各种文化进行了个性化的综合。在某个时间段,这种综合便构成了它们的文化,多少是固定的。今天既有日本文化,也有美国文化,光是考虑到它们内在的不同就不能否认。说起文化大熔炉,没有哪个国家比得上美国,可是就连美国也有"美国生活方式",任何一个美国人,不管原本是哪个国家的或属于哪个民族,都引以为荣。

既然您问我对当今法国社会的看法,我可以告诉您,在十八世纪和十九世纪,法国的价值体系在欧洲内外都很有吸引力。当时的移民来法国后很快就同化了,一点问题都没有。今天,要是从小学开始,我们的价值体系还像过去那么坚固、活跃,移民融入法国社会就没那么多问题了。

埃里蓬:所有的西方社会都碰到移民无法融入的问题:英国、德国……在这些国家,各种文化的共存好像比法国还要难。

列维-斯特劳斯:如果西方社会无法维持或激发富有感染力的思想价值和道德观,以吸引外来移民,并让他们自发地遵守西方的价值观,那么我们真的要警醒了。

埃里蓬： 人们认为您的著作，尤其我们刚才谈到的文本，和去殖民地运动的思想相呼应。您怎么看？

列维-斯特劳斯： 我有时会读到这样的观点，最近还看到这样的说法，《忧郁的热带》的成功与第三世界主义的崛起有关。这样的看法是错误的。第三世界主义对我极力保护或努力记录的社会的威胁远胜于殖民主义。这些"二战"后获得独立的国家，其政府对于本土的"落后"文化一点都不友好。我这么说还有第二个原因，您可能会觉得我是犬儒主义者：我关心的并非人，而是信仰、习俗和机构。我之所以保护这些小部落，是因为他们忠于传统的生活方式，远离现代社会四分五裂的冲突。那些摒弃传统生活方式，参与现代社会冲突的部落反而造成了政治问题，甚至是地缘政治问题；人人都知道，在这个问题上，每一方都会碰上道德困境。

埃里蓬： 您认为第三世界主义比殖民主义更危险？

列维-斯特劳斯： 殖民主义是西方犯下的沉重罪孽。不过，单纯就文化的活力和多元性而言，我并没有看到殖民主义消失后，情况有质的飞跃。

埃里蓬： 有人也反过来谴责人类学：人类学和殖民主义有部分联系。您觉得这种看法有道理吗？

列维-斯特劳斯： 历史上，人类学的诞生和兴起的确离不开殖民主义。但人类学家致力于保存各文明正迅速消失的宗教信仰和生活方式，这与殖民者的作为不同，甚至是相反的。

埃里蓬：有人甚至说，殖民统治结束后，人类学还在为殖民主义招魂，而且说这些话的人中还有曾与您共事的，比如罗贝尔·若兰①。

列维-斯特劳斯：近三十年前，他的确在社会人类学实验室工作过，但我和他一点都合不来，很快就分道扬镳了。饱受摧残的印第安人想要找回自己部落的历史，往往要借助人类学著作，我知道好几个这样的例子。

埃里蓬：这些人批评说，西方世界是带着优越感观察其他文明的。

列维-斯特劳斯：并非观察者带有优越感，而是观察本身赋予优越感。要观察一个社群，必须置身事外。当然，也可以选择，甚至优先选择（可能吗？）与这个社群打成一片，共同生活，成为他们当中的一员——这种选择事关伦理道德。但要获得对这个社群的认识，就必须与之保持距离。

埃里蓬：所以只有远离观察对象，才能真正认识它。

列维-斯特劳斯：这是问题的一个方面。接下来，我们

---

① 罗贝尔·若兰（1928—1996），法国人类学家。

要努力把二者结合起来。假如不尊重这样的先后顺序,就无法获得认知。人类学研究的独到之处就在于这一往复的过程。

埃里蓬: 在关于图形理性的著作中,杰克·古迪①提出了观察者和他所研究的社会的关系问题,很有意思:在研究没有书面文字的口语文明的过程中,我们用书面文字记录下这个文明时,就已经改变了它,把观察者的视角强加给了它。您是怎么看的?

列维-斯特劳斯: 我觉得这个观点有道理,但无足轻重。因为同样的话也适用于所有类型的观察,包括科学尖端领域的观察。应当注意到,在我们记录下自己的观察时,无论什么内容,都不可能是百分之百如实记录:我们用另一种语言表述事实,这是一个翻译的过程,必然有所偏差。可就此能得出什么结论呢?我们既不能记录,也不能观察。

＊
＊　＊

埃里蓬: 刚才我们谈到了种族主义。您作为犹太人,年轻时或在职业生涯中,是否遭受过种族歧视?

---

① 杰克·古迪(1919—2015),英国人类学家。

列维-斯特劳斯：惨无人道的灾难曾降临犹太人，我也是其中一员，但假如我说我自己深受其害的话，那就是无耻了，因为我有幸逃离了这场浩劫。和其他犹太人相比，我不过受了点小罪：被抢劫，我父亲因德军占领法国期间所受的苦难，过早地去世了……不过，这场浩劫深刻地改变了我的命运。

我小时候，在社区学校（那时候的称呼）和高中，犹太人还是会被骂脏话。

埃里蓬：您是否有过和弗朗索瓦·雅各布的回忆录里相似的经历[①]？

列维-斯特劳斯：有，而且我比他年长，所以那样的经历我比他还多。

埃里蓬：后来呢？

列维-斯特劳斯：反犹主义多少给我的学术生涯造成了障碍，但影响并不大；我的学术生涯主要还是受我的思想和为人影响。

埃里蓬：您一直支持"同化"，从未强调自己的犹太人身份。但您也知道梅特洛在日记里是怎么形容您的："真是个典型的犹太学者。"

---

① 《身体里的雕塑》，弗朗索瓦·雅各布著，1987年奥蒂尔·雅各布出版社出版。——原注

列维–斯特劳斯：我不介意。我们毕竟是有血有肉的人，不是纯粹的思想，我觉得梅特洛作为人类学家，从我的背景出发评判我，再正常不过。

埃里蓬：既然您并不介意这句话，那您是怎么理解它的含义的？

列维–斯特劳斯：首先得知道梅特洛写下这句话时是怎么想的。我和他从来没谈过我是犹太人这件事。我承认，犹太人可能有些品性比其他种族更突出。

埃里蓬：比如？

列维–斯特劳斯：对于民族社群深刻的归属感，哪怕在这个社群里有人排斥您——当然我承认，这样的人越来越少了。对此，犹太人保持着警惕心，坚信自己在任何情况下都要比别人更努力，才可以摆脱对犹太人的偏见，尽管这样的想法是不理性的。有些人不喜欢这种错误的看法，虽然它并非空穴来风。对此，我不会不高兴。戈平瑙不是反犹主义者，他是这么形容犹太人的精神特质的：犹太人都是天生的探索者，酷爱积累这个世界的财富，"不管这财富是科学知识还是黄金"。我想在梅特洛眼中，我就是酷爱科学知识的犹太人。

埃里蓬：总的来说，您从未表示或确认自己是犹太教教徒。

第十六章　种族与政治

列维-斯特劳斯： 犹太教对我父母来说，只存在于回忆里。我犹豫了很久才去了以色列，寻根之旅让我心生畏惧。

埃里蓬： 您什么时候去的以色列？

列维-斯特劳斯： 1984年到1985年，以色列博物馆邀请我主持一场国际研讨会，关于无书写文字社会的沟通艺术和方法。

埃里蓬： 您有什么感受？

列维-斯特劳斯： 我知道自己是犹太人，按照旧时的说法，我有犹太血统。亲身来到以色列后，我感到犹太人历史的绵延不断——近乎两千年的历史，震撼人心，这种感觉前所未有地强烈：我的犹太祖先走出巴勒斯坦，十八世纪来到阿尔萨斯。在这段时间里发生了什么？我想了解犹太人四处游走的过程中发生了哪些历史事件，分哪几个阶段。只有了解了这些信息，我才能感受到现实和遥远的过去有什么联系，这种联系已浓缩为抽象的知识。我可以告诉您，在以色列，我从没感觉到终于找到了自己的根。我对以色列很感兴趣，与其说是因为以色列人是我的手足（我并不觉得他们是我的家人），不如说是因为以色列是西方世界在东方的桥头堡：以色列之行可以说是第九次十字军东征。

埃里蓬： 刚才我读了段您写给雷蒙·阿隆的信，信中您把巴勒斯坦人的处境比作红皮肤的印第安人……

列维-斯特劳斯：这种处境是历史造成的，现在几乎无解——还有其他类似的例子。我们无法以抽象的法律或正义的名义做出偏向任何一方的选择。

埃里蓬：在这封信中，您认可戴高乐将军关于以色列的说法："自信，有支配欲"①；您也谴责法国犹太人社群领袖的立场，说他们滥用自己的有利地位，进行政治宣传。您在信中的话很犀利。

列维-斯特劳斯：我的信件都是叙家常的口气。阿隆问我能不能引用我的信，我同意了，因为我无权破坏他的回忆录的构思。假如我写这封信的时候就知道它会被发表，那我措辞肯定会更加小心。

但无论如何，还是要尊重文本。我引用戴高乐将军的话不是针对以色列，而是批评法国犹太人社群的权贵，他们擅自以犹太人代表的名义发表观点。这一切都是往事了，都过去二十年了！当时出现了很多游说团体，十分活跃，让我感到震惊。而今天，舆论又朝着相反的方向走。

埃里蓬：您的话很犀利，但毕竟是您私底下的观点，您并没有在公共场合做这样的宣言，直到雷蒙·阿隆发表

---

① 1967年11月27日，戴高乐在爱丽舍宫的新闻发布会上形容犹太人是"精英民族，自信且有支配欲"。

第十六章 种族与政治

了您的信，公众才了解了您的立场。您不喜欢公开表达自己的立场吗？作为学者，您不热心政治吗？

列维-斯特劳斯：不关心。我认为我的学术权威——假如别人承认我的权威的话，取决于我的研究成果、我的严谨治学和实事求是。因此，在有限的领域里，或许我的观点的确值得一听。要是我因此就对完全不了解或了解不多的问题发表意见，那就是滥用了公众对我的信任。

埃里蓬：在法国，热心参政的学者形象，在德雷福斯事件中最为典型。您不喜欢这样的人吗？

列维-斯特劳斯：在十九世纪，有些学者依然像伏尔泰那一代的学者一样生活，像维克多·雨果这样的知识分子，认为自己可以对当时的一切问题做出判断。我觉得，现在的知识分子不可能做到这一点。当今世界过于复杂，要分析一个个案所需要考虑的变量太多。学者只能专心研究某一个类型的问题，就像阿隆只研究当代社会一样。这样的选择当然也是合理的，但要么像阿隆那样研究当代社会，要么像我一样研究部落文明，不可能二者兼备。必须做出选择。

埃里蓬：您关心政治吗？平时读报纸、看电视吗？

列维-斯特劳斯：电视不怎么看，否则我哪来的时间看书？报纸我还是看的，我像称职的公民一样关心时政。我读两份日报，三份周刊。

埃里蓬：最近有位评论家就此对您提出了激烈的批评。他说，您拒绝公开自己在新喀里多尼亚问题上的立场，就因为您从没去过新喀里多尼亚。他把您和德雷福斯事件中左拉的作为相比，赞赏左拉，虽然左拉并非这方面的专家，但他为正义挺身而出。①

列维–斯特劳斯：这样的评论让我目瞪口呆。左拉在德雷福斯事件里算不上专家？他一听说此事，就积极为德雷福斯奔走！左拉的所有作品都在观察、描述、分析当代社会，维护真理和正义的理想，鉴别善良与正直的人。左拉的生平和创作决定了他对德雷福斯事件很热心，这样的情节原本可以发生在他的小说里。

而且，在德雷福斯事件里，左拉为一个无辜的人伸张正义；而巴勒斯坦问题涉及政治和经济利益，双方有多项诉求，哪项都不能忽略，只有通过耐心和艰难的研究才能做出仲裁。请问，德雷福斯事件和巴勒斯坦问题能相提并论吗？谋求巴以问题的出路，必须以深入了解当地的人文、地缘环境为前提，还要探究同一地区类似问题的解决途径。

---

① 《费加罗报女性专刊》，贝纳尔–亨利·列维著，1987年6月5日第13300号。——原注

第十六章 种族与政治

我们不可能一概而论地解决这样的问题。面对这种和人类学相关的问题，人类学家应当格外地谨慎。我没去过新喀里多尼亚，也没去过南半球的海岛，而我研究的学科建立在实地观察之上。倘若政府部门想知道我怎么看待新喀里多尼亚，我很乐意去一趟新喀里多尼亚，前提是确定此行不会受阻。我还得去美拉尼西亚看看，了解萨摩亚和斐济的情况……

您要听实话吗？发表了《忧郁的热带》之后，我有时会幻想某家媒体邀请我去做深入报道。假如过去真有这样的机会，我或许会对当代社会的某些问题看得更清楚。

埃里蓬： 没有这样的机会真是遗憾。

列维-斯特劳斯： 我不觉得遗憾，真的有这样的机会，我写出来的书就不一样了。会写得更好还是更糟，这就不知道了，反正肯定不一样。

结束这个话题之前，我想说，我经常参与一些我认为自己有发言权的事情，但我觉得也没必要宣传。

埃里蓬： 举个例子？

列维-斯特劳斯： 维护和保护美洲印第安人文明。去年我和一个代表团去了海外部[①]办公室讨论了圭亚那[②]事务。

[①] 法国海外部是负责法国海外领地事务的政府部门。
[②] 指法属圭亚那，是法国海外领地。

埃里蓬：您在入选法兰西学术院的讲话中，引用了蒙泰朗的一句话："年轻人不需要导师告诉他们怎么思考，但需要导师告诉他们怎么做人。"您反感教人怎么思考的导师吗？

列维–斯特劳斯：除非这位导师是个圣人，否则必然是个骗子，哪怕是圣人也做不了别人的精神导师！

埃里蓬：可您就是大众心目中的精神导师。

列维–斯特劳斯：我怎么记得最近有人说，世上没有精神导师。这是真的。

埃里蓬：您在讲话中还说，蒙泰朗曾说，当社会把年轻人当作一个单独的、与社会脱节的群体时，必然付出沉重的代价。您说他真是未卜先知。

列维–斯特劳斯：这种现象说明，社会的中坚力量不再坚信自己的价值观。在我看来，他们是想逃避自己的角色。

埃里蓬：您不觉得可以让年轻人来重新树立价值观吗？

列维–斯特劳斯：社会之所以能够延续，是因为它的原则和价值观能够代代相传。若社会觉得没有什么可以留给下一代人，或不知道可以传承什么，指望年轻人来拯救社会，这个社会肯定是病态的。

埃里蓬：您在讲话的结尾说，或许只有蒙特朗这样激进的悲观主义者才能拯救温和的乐观主义。这句话能代表

第十六章 种族与政治

您的立场吗？

列维-斯特劳斯：这话我常说。温和的人文主义者要得到拯救，就要有所收敛，并且承认，人在地球上的存在终有尽头，人不应当为所欲为。

埃里蓬："换言之，什么都没有"——《裸人》的结尾是这么写的。在某种意义上，这是对《神话学》的总结，也引发不少口诛笔伐，批评您的"悲观主义"。

列维-斯特劳斯：其实大家都没有看到，《裸人》最后几页的灵感源自戈平瑙的《人种不平等论》。我刚好有这本书，我打开看看……您看，他是这么写的："假如时间在人类消失前一刻停止，忘记充满杀戮的岁月，地球已然静默，没有人类，它继续在宇宙中按着不为所动的轨道转动……"您不觉得这段话很眼熟？我甚至想在《裸人》结尾的最后一句里把"不为所动"这个词也用进去，当作戈平瑙的"签名"（像远古的炼金术士那样的签名）。在我的书里还暗藏着其他引用。

埃里蓬：没有人注意到您引用戈平瑙可能是因为他的思想和您的思想是矛盾的。戈平瑙的形象可不怎么光彩，尤其是在种族问题上。戈平瑙是您最喜欢的作者之一吗？

列维-斯特劳斯：单论戈平瑙的为人，他或许是个充满种族主义偏见的家伙，这在他那一代人里很常见。他没有把种族和文化区分开来，他那一代人都这样。假如我们能够把他书里那些偏见盖过理性思考的片段搁在一边（其他片段恰好相反：戈平瑙的种族主义是断断续续的，有时显现，有时不见），把所有的"种族"一词都换成"文化"，就会发现他不仅是写过《七仙女》①《旅行的回忆》《亚洲故事》《亚洲三年》的伟大作家，也是一位有着独特而深刻思考的思想家。他比别人更清醒地意识到，对时间跨度不同的历史的解读不仅不能相加，反而会相互抵消。我在《原始人的心智》的最后一章想说明的就是这一点。

在戈平瑙的思想体系里，原生态文化（对戈平瑙来说，"原生态文化"是个理论假设）并非一开始就不平等，只是它们所处的位置不一样，戈平瑙自己就常常给文化摆位置。而他也像他那代人一样，被西方世界的历史性胜利所征服，违背了自己最初的直觉，完全肯定了西方的胜利。假如再深究下去，就会发现，其实这就是文化相对主义最难以逾越的障碍。

埃里蓬：在《神话学》系列的结尾，您万念俱灰地断言，人类的所有成果，最后"什么都没有"留下。这句话像是您的哲学信条。有时人们会想，"什么都没有"是否

---

① 七仙女，指古希腊神阿特拉斯的七个女儿。

反映了您所信奉的哲学本质。

列维-斯特劳斯： 我并没有这么说过。我说的是，人们应当生活、工作、思考、保持勇气，即使人们知道，有一天人类会从地球上消失，而地球有一天也会不复存在。到了那一天，人类的一切成果都会归零，什么都没有留下。这和您刚才说的可不是一回事。

您说到"我信奉的哲学本质"，无法解释这一矛盾，只能尊重它。一来，科学知识就是我的信仰。物理学和生物学知识让我着迷，最能激发我思考。但我也发现，我们以为解决了一个问题，事实上，解决了一个问题之后，又会出现好几个新的问题，这样循环下去永远没有尽头。因此，我们每天都更加确信，面对现实世界，我们的思考能力是匮乏的，而且将一直匮乏下去，永远无法反映现实最深层的本质。最先发现这一点的是康德，但康德既承认人的认知能力因为二律背反有着无法弥补的缺陷，又想为道德生活找到绝对的基础。我本人信奉超级康德主义，把道德生活也算在纯粹理性的命题里：道德生活也存在二律背反，无法逾越。还有，科学知识为我们展现的宏观和微观世界不仅远远超出帕斯卡尔的想象，还证明了人类有多么微不足道。即使人类和地球都消失了，宇宙也不会有什么改变。由此还得出一个终极的悖论：我们甚至不能确定表明我们微不足道的科学是否真的成立。我们知道，人类微不足道，或没什么了不起的，知道了这一点，我们还是不知道这算不算得上科学。既然宇宙浩瀚无穷，无法用人的思维来解释，我们就不得不怀疑人的思维到底有没有用。人类无法走出这样的困境。

说到这里，您是不是觉得我是激进的怀疑论者？其实不然。哪怕人类的科学探索只是从一个表象到另一个表象，知道我们应当适可而止，在哪里停止，这还是有用处的。一方面是满足于浅层的表象，另一方面是孜孜不倦地追求终极意义却无法达到，古老的经验似乎告诉我们，在这两者之间存在着一个中间层，人最好待在那里。因为在这个位置上，人只需借助享乐主义就能在精神与道德上感到舒适自在，或者说没有在别的地方感觉那么糟糕，这个中间层正是科学知识、理性思维和艺术创造之所在。既来之，则安之，出于实际的考虑，权当一切安好，但偶尔为了不丧失理智，还是要想想"人终有一死"，它将吞噬我们的世界，并把我们一同带走。

埃里蓬： 有人曾说您的思想是"反人文主义"，您能理解吗？

列维–斯特劳斯： 我想说，有条理的人文主义不会从人文主义出发。西方的人文主义让人从万物之中脱离出来，

第十六章 种族与政治

反而让人丧失了保护层。当人类为所欲为，权力不受限制，必将自我毁灭，看看集中营就知道。而另一种形式的自我毁灭更隐蔽，却能毁灭全人类，那就是污染。

埃里蓬：最近，一些评论家和记者尝试着把反唯心哲学、反人文主义和极权主义联系起来，好像只有在唯心哲学指引下，才能建立尊重人权的政策。

列维-斯特劳斯：这是重重误解造成的，我没法一一反驳。这样的谬论不值得我花时间去解释，而且我本人也在《遥远的目光》的最后一章里谈了对人权的看法：那篇文章是国民议会主席邀请我写的议会委员会的发言稿。

结构主义不是唯心哲学，甚至算不上哲学，但它可以应对这类问题；结构主义或许可以另辟蹊径，带来新的答案。

我在讲话中提出了哪些建议？人权不应当建立在人类是万物之灵，是唯我独尊的基础上——这是美国独立战争和法国大革命中形成的观点。相反，生灵万物都有自己的权利，而人权只是其中的个例。我在讲话中还提出，如果我们朝着这个方向探索人权，就可以获得更大范围的共识，这是对人权的狭义理解所无法达到的。因为在时间上，广义的人权与斯多葛哲学一脉相承；在空间上，它和远东的精神契合。我们甚至可以和人类学家研究的"原始人"对待自然的务实态度达成一致；原始人与自然共处无需理论指导，只需遵守若干箴言，也能达到相同的效果。

埃里蓬：因为您拒绝承认人类比其他物种更高级，承认人类在地球上孤立无援，所以，在《裸人》的"尾声"一章中您对唯心哲学、唯心意识等概念提出了严厉的批评。

列维-斯特劳斯：我再说一遍，别人关注的重点和我不同，我完全能理解。描述和分析可以分成好几个层次，我认为每个层次的描述和分析都是有存在合理性的。但是，在"唯心论"的论战中，这个可以上溯至笛卡儿的哲学流派，其信徒是如此固守己见、毫不宽容，让我忍无可忍，他们说什么"主体是一切的起源""只有主体存在"等等。我想从另一个角度看待世界，不能接受他人剥夺我选择世界观的权利。

埃里蓬：当时，您批评传统哲学的措辞更加激烈。

列维-斯特劳斯：因为传统哲学想"唯我独尊"，必须与之斗争才能为其他哲学思想赢得一席之地。等传统哲学承认，自己只是百家中的一家，冲突就消失了。

第十七章
文 学

埃里蓬：阅读您关于文学的著作，会发现您时常和结构主义文学批评保持距离。

列维-斯特劳斯：它自以为是文学批评，滥用"结构"这个词，在随便哪个商品上涂点胶水，就贴上"结构"这个标签。当有人声称——这样的情况很常见，选择乏善可陈的作品来研究，就能使之成为名著（因为人们总是读名著，感悟人生哲理），我会觉得自己是文化骗局的受害者。

这种自封的结构主义其实不过是掩盖平庸的遮羞布。在《裸人》的"尾声"里我已经表明我的观点。

埃里蓬：您认为作品有雅俗之分？

列维-斯特劳斯：如果我要对文学作品进行结构主义的分析，我会选择波德莱尔的诗，而不是流行歌曲的歌词。

埃里蓬：这很有意思，因为最近有本小册子说您领导了一个运动，提倡文艺作品不论高下，各有千秋。①

列维-斯特劳斯： 这本书我没看过，只是在报纸上读到过介绍。

埃里蓬： 有人读了您关于文化相对主义的文章后怪罪您，说是受您的影响，现在的文艺作品都不论好坏和雅俗了，您怎么看？

列维-斯特劳斯： 我觉得文化这个词有两种含义，不能混淆。广义上的文化指的是，培养良好的品位和正确的判断力。但是文化对于人类学来说，是个专业词汇，意义不同。我想引用泰勒②对"文化"的定义，这个定义已成为经典，对人类学家意义重大：人作为社会一员所获得的知识、信仰、艺术、道德、法律、习俗和其他品性。如果我们说的"文化"是第二种定义，那么一切事物都可以成为研究对象。一切产品——我指的是产品最基本的含义，不管它是高尚还是低下，都是我们评判的对象。文化相对主义提倡的是，一种文明并不掌握绝对的标准，去评判另一种文明的成果。相反，每种文明可以也应当批判自己的成

---

① 《思想的失败》，阿兰·分基尔克罗著，1987年伽利玛出版社出版。
　　——原注
② 爱德华·伯内特·泰勒（1832—1917），英国人类学家，文化进化论的代表人物。

果，因为其成员既是参与者，也是观察者。

作为参与者，我一点都不喜欢摇滚和连环画——我这么说还是比较客气的。作为观察者，我从摇滚和连环画的风靡中看到了一种社会学现象，不管个人对摇滚和连环画的道德和审美价值做何评价，都应当摒弃偏见去研究现象本身。推崇"摇滚文化"或"连环画文化"其实是偷换了文化的概念，用第二种定义取代了第一种，是一种思想上的作弊。假如反其道而行，只因为人类学家选择研究人类文化，或者说他们以研究人类文化为使命，就指责人类学家混淆公众视听，就好比指责在生物实验室做研究的人都喜欢摆弄粪便，像吸血鬼一样嗜血。

埃里蓬：您刚才提到波德莱尔，是否是因为想到了雅各布森和您合著的关于波德莱尔的十四行诗的分析①？

列维-斯特劳斯：是的。有一天，雅各布森在巴黎，跟我谈了他对诗歌的结构主义分析的想法。他列举了英国、俄罗斯、德国的几首诗，说法国诗歌让他感觉无所适从。我觉得他的想法很有意思，不信他的理论不能用在法

---

① 《波德莱尔的"猫"》，1962年发表于《人》。《诗意》，R.雅各布森著，1973年瑟伊出版社出版，第401—419页。《雅各布森选集》（第三卷），1981年绵羊出版社出版，第447—464页、第783—785页。《波德莱尔的"猫"——方法之争》，M.德拉克瓦和W.杰尔兹著，1980年法国大学出版社出版。

国诗歌上。他走后,《猫》(这是少数我能背出来的诗之一)一直在我脑中盘旋。我按照雅各布森的思路想下去,《猫》的赏析渐渐地明朗。我开始动笔,当然,我的分析过于简单、笨拙,算不上是语言学范畴的分析。我把苦苦思索的成果寄给雅各布森。他读后欣喜雀跃,当然,他本来就是个容易激动的人。雅各布森保留了我的赏析中的一些元素,改了一些,又添加了很多内容。我俩就这篇文章通了好几封信。他回到巴黎时,我们约了一个上午在这个办公室见了面。两人一起改文章,对每个字都反复讨论和推敲,我动笔记录,整整花了一天。

埃里蓬: 后来没有继续合作吗?

列维–斯特劳斯: 我不是语言学家,自己无法继续写类似的作品。雅各布森继续写诗歌赏析,发表了好几篇,思路大致相同。

埃里蓬: 既然谈到文学,您能不能讲讲您最喜欢的作家?

列维–斯特劳斯: 康拉德,已经谈过了,还有巴尔扎克、夏多布里昂[①]……当然还有普鲁斯特,卢梭也算。

埃里蓬: 我猜,您喜欢夏多布里昂,一定是因为他的

[①] 弗朗索瓦–勒内·德·夏多布里昂(1768—1848),法国外交家和作家,代表作为《阿达拉》《勒内》等。

第十七章 文学

《墓畔回忆录》。

列维–斯特劳斯：是的。我也喜欢他的《基督教真谛》，那也是本杰作，虽然很无聊，但书中的观点让人耳目一新。

埃里蓬：巴尔扎克呢？《神话学》中有几个章节题为"私人生活场景"，或者"外省生活场景"①……

列维–斯特劳斯：我从头到尾读了十几遍，再加上我记性不好，每次重读巴尔扎克都像第一次读。我每年都会读巴尔扎克的书。

埃里蓬：您最喜欢他哪本小说？《邦斯舅舅》？

列维–斯特劳斯：我喜欢《邦斯舅舅》的理由有上百条，但我最喜欢的还是《现代史拾遗》。巴尔扎克在这本书里的风格很像狄更斯，其实狄更斯也是我最喜欢的作家之一（《远大前程》是我读过的最精彩的书之一）。在狄更斯和巴尔扎克的书里，尤其是在《现代史拾遗》里，我找到了我非常欣赏的文学类型：都市奇幻。

埃里蓬：那么卢梭呢，他是不是对您的思想影响最大的作者之一？

---

① "私人生活场景""外省生活场景"均为巴尔扎克《人间喜剧》系列中的标题。

列维-斯特劳斯： 对于卢梭，我同意达朗贝尔[1]的说法："他没法说服我，但是他让我心潮澎湃。"[2]虽然我不怎么赞成卢梭的政治思想，但他作品的结构之美让我心醉神迷。我喜欢卢梭首先是出于美学的原因：他的文章太美了！他能把我需要用一整句话表达的意思用几个词就表达出来。还有种种复杂的感触，我很难说清楚。卢梭是最早预感到人类学研究之未来的人之一，而且他想拉近自然科学和文学的距离。不凡的生活经历让他成了感受力极强的观察者。在他所有的著作中，他都想把情感和理性联系起来，我也尝试着这么做，但是方法和角度不同：我更注重理性，而非情感。我和卢梭都想调和情感和理性，这个愿望是相同的。

我们之前讲到，马克思率先把模型运用到社会科学中。其实第一个这么做的是卢梭，他在《论人类不平等的起源》里运用了模型，虽然他的模型距离现实还有很远的距离。《忏悔录》让我回到了已经消失的桃花源，卢梭的描述像夏尔丹或德罗林的画一样：笔触敏锐，贯穿着低调的抒情。还有《新爱洛伊丝》，现在几乎没人读，但它是第一本当之无愧的现代小说（与其说拉法耶特夫人的小说

---

[1] 让·勒龙·达郎贝尔（1717—1783），法国物理学家、数学家和天文学家。
[2] 这是达朗贝尔评价卢梭的话。

是最早的现代小说，不如说她开创了某种小说类型），想想它的情节：良家的少女有个情人，却被迫嫁给一个年长男性。她向丈夫坦白了一切，丈夫马上把她的旧情人接到自己家里来住，结果三人都陷入不幸。我们不知道丈夫这么做是出于施虐的快感、受虐的快感，还是出于某种扭曲的道德观，或只是因为他蠢。书中的人物并非作者手中的牵线木偶，而像现实生活中的人，让人看不透，后来陀思妥耶夫斯基和康拉德笔下的人物也是如此。加上他的书都像《遐想》①一样，沉浸在对自然深沉的爱中……您也看得出来，读卢梭的书让我心潮澎湃！

埃里蓬：我还是认为卢梭对您的影响主要体现在思想上，因为您有一场讲座的标题是"卢梭，人类科学的创始人"，讲稿收录进了《结构人类学》的第二卷。

列维-斯特劳斯：这篇文章是应景写的：当时在日内瓦举办纪念卢梭诞辰两百五十周年的仪式，不过我的标题说的也是事实。

埃里蓬：您写道，"所有的人类学家写的都是自己的《忏悔录》"，因为人类学家要通过自我剖析脱离自我。可是您总说，您没有个人身份认同，没有"自我"的意识。

---

① 全称《一个孤独漫步者的遐想》，卢梭著。

列维-斯特劳斯：我认为二者并不矛盾。没有个人身份认同，在非常情境中就要付出更多的努力才能让"自我"振作起来。人类学研究是一种实验性的研究，找的是无法言说的东西。假如我非常了解自己，或许我就无需在异国的冒险中寻找自我。

埃里蓬：您不了解自己吗？

列维-斯特劳斯：不怎么了解。

埃里蓬：这是您自己独有的精神特征，还是人类共通的？

列维-斯特劳斯：我不会自大地认为自己与众不同。我认为个人身份的意识是社会赋予我们的……

埃里蓬：所以您才在著作中署名"法兰西学术院的克洛德·列维-斯特劳斯"？

列维-斯特劳斯：……是的，社会赋予我们个人身份，又让个人对自己的言行负责。要是没有这样的社会压力，我不知道大部分人会不会像现在这样，具有强烈的个人身份认同。

埃里蓬：我们说回卢梭。一度有人说，您要写一本关于卢梭的书。

列维-斯特劳斯：我记得，虽然有时我自己也这么想，但是很快就放弃了。原因有两个：第一个原因主要是在我的学生时代，卢梭式的文学开始风行。要是我不想在书中犯下显而易见的错误，或者重复别人说过的话，就要把过去五十年中出版的十几本卢梭式的文学著作都细细读一遍。这样的任务让我头疼。

第二个原因是，我对待卢梭的态度是暧昧的。读马克思和弗洛伊德让我思考，读卢梭让我沸腾。因此我很难区分哪些是主观的感受，哪些是客观的评价。而且我对卢梭的态度发生了变化，至少卢梭的作品对我的影响发生了变化；至少在某些方面，我和他渐行渐远，比如他的政治思想。我结束社会党活动生涯后就和卢梭拉开了距离。

埃里蓬：为什么？

列维-斯特劳斯：《社会契约论》很难读懂，也许是政治哲学著作中最难的一本书。虽然我能看懂，但是我不喜欢他把个人和集体对立起来，不赞成他这么排斥所有的中间机构。我认为有了中间机构，社会生活才有血有肉。

第十八章
绘画的内容

埃里蓬：《神话学》从头到尾穿插了许多素描、版画和速写等等。

列维-斯特劳斯：有两种情况。有些神话讲的是各种异域的动植物，要配上插图给读者看动植物的样子。通常，我选的是年代久远的版画，也就是民间故事、动物学和植物学还没有分家的时代。我觉得这样的画很有诗意，可以让神话更加生动。

另一方面，我想表达神话非常复杂的转型，但无论是通过手工制作的模型还是深思熟虑的文字都无法再现。我用纸板、纸和线做成三维模型，不过很多模型的草图只是平面的二维图。有个一米多高的模型在社会人类学的实验室的天花板上一挂就是几个月，像考尔德①的动态雕塑，直到破掉。

埃里蓬：《神话学》最后一卷的封面画，出自保罗·德尔沃②之手。

列维−斯特劳斯：我很早就欣赏德尔沃的画。很多时候，我在研究某个神话的时候都会想，德尔沃会怎么演绎这个神话。我请旁人转告他，我非常希望他能画《裸人》的封面，他欣然接受。有意思的是，他以我的书为灵感，画出的画很美，而且很写实。他对神话的阐释或许和美洲印第安人不一样。

埃里蓬：我们已经谈过您和绘画的关系，您的家人中就有画家。现在我想谈谈几年前您关于"消失的职业"的文章所引起的争论。您在文中说，您对当代绘画表示不满③。

列维−斯特劳斯：我并没有不满！某种形式的绘画已经深深融入我的文化背景和个人经历。让我产生美学上的激情，让我陷入沉思的正是这种形式的绘画，它出现在十三

---

① 亚历山大·考尔德（1898—1976），美国艺术家，发明了动态雕塑。
② 保罗·德尔沃（1897—1972），比利时画家。
③ 部分片断发表于1981年3月第10期《辩论》，题为《消失的职业》，全文后收入《遥远的目光》第十九章。——原注

世纪，到二十世纪初消失。后来，绘画进入另一个阶段，我发现它很少能打动我，或者完全不能打动我，我想探究其中的原因。

埃里蓬：您引用波德莱尔评价马奈的画："他是绘画艺术走向衰落的第一人"，是因为赞同这句话吗？

列维-斯特劳斯：马奈是位伟大的画家，有不少扣人心弦之作。但他的画里也有一种惶恐不安的情绪，仿佛这些画没有真正实现自己的目标。总的来说，马奈代表着一个时代的结束和另一个时代的开始。

埃里蓬：要不是您表达了对绘画的观点，我们肯定以为您喜欢印象派的画作呢……

列维-斯特劳斯：我的确喜欢印象派，他们给原本了无生气的画坛注入了活力，而且印象派画家都很杰出，是真的会画画的。可是，印象派排斥传统的画法，鼓励那些既不像他们那么有才华、也没有掌握绘画技巧的模仿者创作印象派画作，这对画坛有负面影响。印象派的贡献伴随着印象派画家退出画坛后也消失了，只持续了三十多年。

埃里蓬：您认为画家这个职业就是在那时候消失的吗？

列维-斯特劳斯：印象派画家自己也这么说：莫奈说要像小鸟唱歌一样作画。在他们的影响下，追随他们的画家忘记了怎么画画，也不重视绘画技巧，鄙视画家这一行。

第十八章　绘画的内容

埃里蓬：刚才您谈到个人经历，可您也曾欣赏现代绘画。

列维-斯特劳斯：我一度很喜欢现代绘画。我记得，1918年，我们一家在凡尔赛度过战争岁月，回到巴黎时，我父亲想要看看画廊里都展出什么样的作品。因为他忠于十八和十九世纪的绘画传统，所以在画廊看到的画让他很沮丧。他向我们描述了立体派的画作。对于当时还不到十岁的我来说，立体派的画作真是一片新天地：原来有人不是为了模仿原型而画画的！这个想法让我着迷。我在画室找到了几个蜡笔头，开始画我心目中的立体派画。当然，我的画和真正的立体派没什么关系。我还能想起小时候幼稚的画：一切都是扁平的、二维的，没有任何空间感。但可以确定的是：我的画什么都不像。

后来，我也成了波耶提街①的常客。整个少年时代，去画廊看毕加索的画就像去朝圣：我向毕加索表达忠心。路易·沃克榭勒，当时一位颇有声望的评论家，是我父亲的朋友，有时来我家做客。他推荐我给一本正在起步（或是东山再起）的小艺术评论杂志写稿子，这是我艺术评论生涯的起步。第一篇文章，我提议写立体主义对日常生活的影响，不怎么合沃克榭勒的胃口，因为他和立体主义势不

---

① 波耶提街，巴黎八区的一条街，有许多画廊。

两立。不过，他同意了，于是我就去采访我很仰慕的画家费尔南·莱热，他很热情地接待了我。文章发表了吗？我忘了。

后来，1929年到1930年，《文献》杂志出了一期向毕加索致敬的特刊，有篇文章署名乔治·莫奈，他是社会党议员，我那时还是他的秘书：其实文章是我写的。莫奈没时间写也不想写这篇文章，就让我代笔了。

埃里蓬： 您后来为什么又疏远了现代艺术？

列维–斯特劳斯： 我还是很敬佩毕加索的才华。但今天看来，他的才华主要体现在，他给大众造成绘画还没有灭亡的错觉。我脑中浮现这样的画面：绘画这艘大船已经遇难，海岸一片狼藉，毕加索捡起大船的碎片，拼拼补补……

埃里蓬： 毕加索的画作再也不能打动您了吗？

列维–斯特劳斯： 毕加索的作品浩渺无边，无与伦比，有几幅画特别出色。

埃里蓬： 您不觉得结构主义和立体主义之间有联系？

列维–斯特劳斯： 我们谈到过，雅各布森确实认为，立体主义可以是通往结构主义的途径，但我不这么认为。立体主义把透视的效果、光线的差别或不同的色调都放在同一个平面上，改变了传统的表现形式。但说白了，立体主义只是用一种传统取代了另一种传统。

埃里蓬：您在文章中说，绘画的题材应当在绘画之外，并赞美大自然无穷的丰富。这么看来，您反对任何类型的非具象绘画？

列维–斯特劳斯：或许是超现实主义的影响使然：布勒东一直不认同这种形式的绘画。

埃里蓬：画家皮埃尔·苏拉热不客气地回应了您的"消失的职业"一说。他在您的文章中读到了为表现型绘画摇旗呐喊的宣言[①]。

列维–斯特劳斯：我赞同他的解读。

埃里蓬：他是这么反驳您的——画家这一行做的不是表现某个事物，而是探索色彩。

列维–斯特劳斯：我认为，画家做的不仅是再现某个事物，而是对现实进行再创作。比如，十六世纪和十八世纪荷兰的景物画家花了很大的功夫真实地再现一块奶酪、玻璃杯的透明质地和水果表面的细毛，这样做之所以有价值，是因为画作的逼真效果是通过画家的思考获得的。画家给感官世界加了一层理性的衬里，通过内层让我们看到外界。

[①] 《所谓的消失的职业》，苏拉热著，载《辩论》，1981年9—10月，第15期。——原注

埃里蓬：苏拉热还说，您只喜欢十九世纪的几个末流画家！

列维–斯特劳斯：这样说不准确，因为在《原始人的心智》中，我表示，在我眼中真正配得上"画家"之名的是范德魏登①：他创造了一切，为后人留下了宝贵的绘画遗产，此后的绘画只不过是吃范德魏登留下的老本。不管是看他的画还是其他画家的画，我寻求的是在画中看到我自己无法看到的现实，想通过画作更好地理解现实，理解这世间纷扰中有什么让我感动，开发我的心智和感官；或者让我进入超现实的领域，进入一个曾经真实、但已不复存在的世界。正因为如此，我才写过一篇对马克思·恩斯特充满溢美之词的文章，这说明我并没有全盘否认现代绘画。

在与乔治·沙博尼耶②的访谈里我列举了约瑟夫·韦尔内的大桥系列画作，现在在海军博物馆展出。他可不是什么末流的画家，他的绘画技巧和构图法都很高超。他的画能带人进入一个已经消失的世界，而最神奇的是，这个世界或许从未存在过，因为画家并没有一五一十地把眼前的现实世界复制下来，而是重新安排了各种元素，使之成为

---

① 罗希尔·范德魏登（1399—1464），比利时画家。
② 《克洛德·列维–斯特劳斯访谈录》，乔治·沙博尼耶著，1961年大联盟出版社出版。——原注

充满诗意的综合景象。韦尔内笔下的大桥，好比普鲁斯特笔下的歌剧院之夜！

埃里蓬：苏拉热还写出了更激烈的话，把您对现代绘画的看法比作专制政权，因为您批评现代绘画的堕落。

列维-斯特劳斯：若绘画界有专制政权的话，那也是所谓的先锋绘画，它的背后是巨大的商业和政治势力。

埃里蓬：有人说您的观点很像希特勒和他的同党，您没有感到很受伤吗？

列维-斯特劳斯：1987年夏天我在一份晚报上看到了一篇属于某个专题的文章，文章大意如下——我只是总结大意：罗丹在世时，他的巴尔扎克雕像也备受批评，以此类推，布伦柱①必然是杰作。这简直是思想上的恐怖主义，我拒绝屈服。除了怀疑罗丹的作品很适合摆在公共场所供人瞻仰之外，这样居高临下的论点不管怎么改头换面都糊弄不了我。

纳粹以意识形态的名义批判先锋艺术，而推崇另一种形式的建筑、雕塑和绘画，这都是我厌恶的。但相反，难道我会因为希特勒喜欢贝多芬和瓦格纳就讨厌他俩的作品吗？

---

① 丹尼尔·布伦（1938—　），法国当代艺术家。巴黎皇宫的庭院里黑白相间的短柱是他的作品，人称"布伦柱"。

我疏远先锋绘画的原因和纳粹不一样：我很重视画家的绘画功底，画技可以说是几千年以来人类创造的各种技艺中最高超的一种，而且绘画功底体现了人如何看待自己在宇宙中的位置。艺术问题和其他许多问题一样，并不只停留在一个维度上。

埃里蓬： 这和您关于人权的观点相似。现代绘画只审视人内心世界，不关注外界，而且将它演绎到近乎极致。

列维–斯特劳斯： 是的，这种思潮认为，人可以通过审视内心，创作出和大自然媲美的作品。比如和高更同时代的塞律西埃写信给莫里斯·丹尼斯说，与他脑中的世界相比，自然世界黯然失色、平淡无奇。可在我看来，人应当承认，自己在自然中的位置微不足道，自然的丰富充盈远远超过他的想象，人创造的艺术作品永远无法与一块矿石、一只小虫或一朵花的美相比拟。一只鸟、一只金龟子和一只蝴蝶值得我们像看丁托列托或伦勃朗的画作一样长久地驻足，如痴如醉地欣赏。可我们已经失去了发现美的能力，不再知道什么东西值得看。

第十九章
乐与声

埃里蓬：在《神话学》的《开场》中，您把瓦格纳奉为神话分析的鼻祖。您是想向作为艺术的音乐致敬——因为您把四卷书都献给瓦格纳，还是只想向瓦格纳致敬，显示他的音乐对您的作品的深刻影响？

列维-斯特劳斯：瓦格纳深深地影响了我的思想历程，让我喜欢上了神话。小时候，父母带我去看歌剧，我就意识到了瓦格纳对我的影响。瓦格纳的歌剧作品都是围绕神话展开的，而且他通过音乐的主题来分解神话，让神话的主旨更加显而易见：音乐的主题预示神话的主题。而且音乐主题和诗歌主题的对位形成了某种结构分析，因为对位借助穿插和移位的形式将情节不同的片段叠加在一起，若不使用对位，这些片段只能按时间顺序排列。属于音乐的主旋律和属于文学的诗歌时而巧遇，时而呼应，音乐让人想起与主旋律结构相关的某个情节片段，可能是因为音乐与情节相似，或是相反。

直到后来开始神话研究很久之后，我才明白这一点。而那时，我还以为自己已经远离了瓦格纳的音乐。可以说，瓦格纳的音乐几十年来一直在我体内生根发芽。

埃里蓬：《神话学》从头到尾都体现了与音乐的渊源，第一卷开头有《开场》，最后一卷的结尾有《尾声》。第一卷的章节要么采用"循走曲"结构，要么用"交响乐"结构。

列维-斯特劳斯：与音乐的渊源体现在两方面。第一个方面您已经提到了，各个章节的组织结构。从更深的层面来看，整部《神话学》提出了这样一个问题：音乐和神话这两大表达形式之间的关联。

埃里蓬：您能详细讲吗？

列维-斯特劳斯：在西方文明的某个时间段，神话思维式微，而后消失，取而代之的一是科学思维，二是小说式的表达。这个分裂是在十七世纪完成的。而与此同时，又出现了另一个现象，我深信两者之间有关联：所谓的大型音乐形式的诞生，在我看来，大型音乐形式采用的是神话思维的构架。某些思维模式已经过时，不再用于表达现实，但依然存在于我们的潜意识中，寻找新的用武之地：

第十九章 乐与声

它不再承载意义，而是传递音符。这种思维模式并没有丧失过去的用途，用它谱写的音乐能够传达意义。

埃里蓬：您发现您研究的北美和南美神话——您想为它建立体系，是因为和音乐有着千丝万缕的关系？

列维-斯特劳斯：西方文明之所以发生了我刚提到的历史转变，是因为神话的结构预示了潜在的音乐形式，若进行逆向推理，就可以借助音乐形式更好地理解神话的结构。

埃里蓬：这么说，您采用音乐形式来组织这部书的结构是必然的选择。可是从第二卷起，音乐形式就消失了……

列维-斯特劳斯：没有消失。

埃里蓬：至少章节的标题中再没有出现音乐术语。

列维-斯特劳斯：我想让人们发现我的书和音乐的联系。我的目的已经达到了，无需再作强调，否则就显得学究气，甚至很笨拙。更何况在"尾声"中我再次提出了音乐问题，并给出了新的思路，这就说明音乐和神话的渊源贯穿着整部《神话学》，而且在最后一卷中出现了"循走曲"形式的神话。

这样做有时会取得意外的效果。写《生食与熟食》时，我碰到了瓶颈：有个神话中的转变，在我看来确凿无疑，但我找不到对应的音乐结构。我最初的假设是，这样的转变必然有对应的音乐结构。我去请教好友热内·莱波韦茨①。他回答说，据他所知，没有人用这样的结构谱过曲，但乐理上是行得通的。几周后，他给我看了一首献给我和我妻子的曲子，就是按我画出的线条写的。

不过，您知道贝里奥②写《交响曲》的时候用了《生食与熟食》：配着音乐朗诵书的节选。我承认我不明白贝里奥为什么这么做。在一次采访中，一位音乐学家问了我这个问题。我回答说，当时那本书刚出版，或许作曲家碰巧看到这本书，于是就用来谱曲。可就在几个月前，素未谋面的贝里奥给我寄来一封信，表示不满。他过了好几年才读到这篇访谈，信中他告诉我，他的交响乐的乐章和我分析的神话转型构成对位。他还随信寄来一本探讨这个问题的音乐学家的著作③。我向他道歉说，这纯属我不懂音乐造成的误会，但我还是感到困惑。

埃里蓬： 您有一天曾说，原本希望成为交响乐指挥。

列维-斯特劳斯： 虽然我当不了作曲家，但作曲一直让我着迷。为什么大多数人，无论男女，都能欣赏音乐，被

---

① 热内·莱波韦茨(1913—1972)，波兰作曲家、指挥家、乐理家。
② 卢西亚诺·贝里奥(1925—2003)，意大利作曲家。
③ 《演奏文字，解读贝里奥的交响曲》，D.奥斯蒙德-史密斯著，RMA专著，1985年皇家音乐协会出版社出版。——原注

音乐感动，可只有极少数的人能够创作音乐，我一直苦苦思索。（在其他领域就不存在这样的现象。儿童或成年时期，我们多多少少写过诗；至于造型艺术，人们不是说："要是能写就能画"？）小时候，我梦想着能成为会作曲的极少数。我学过小提琴，老师是歌剧院的一位中提琴手，一时兴起当起了老师，他的妻子是弹钢琴的。我给我们这个三重奏作过曲，他俩很配合，也演奏了。我想——这么说希望上帝原谅我——当时，我还动手写过歌剧。不过写到序幕我就放弃了。

埃里蓬：您的经历和卢梭太像了！

列维-斯特劳斯：唯一的区别是卢梭的确会作曲，我却不行。

埃里蓬：音乐对您来说很重要吗？

列维-斯特劳斯：非常重要。我经常听音乐，工作的时候就听。或许有音乐爱好者会因此指责我把音乐变成了背景噪音，其实事情没那么简单，我也说不清写作和音乐的关系，只能用类比来说明。为什么油画中有这么多裸体？哪怕是看过无数模特，已经习惯裸体的画家，面对美丽的肉体还是会感到按捺不住情欲的兴奋。而轻微的性兴奋能够刺激画家的创作，让他的观察力更敏锐，创作更自如。艺术家总是有意无意地追寻这种狂喜的状态。我和音乐的关系就像画家和模特的关系：听音乐能刺激我的思考。音乐旋律的起伏和我的思路也形成对位关系：二者时而相合，时而相悖，随后又相交。有好多次，我没有记下来，每次都是事后才想起来，听某部作品时来了写作的灵感，忽然听不到音乐了！我的思路暂时离开了音乐，独立思考，而后又回到了作品中，仿佛是我的思路接着旋律独自往下走，又和音乐保持着默契。

埃里蓬：您常去听音乐会吗？

列维-斯特劳斯：少年的时候我常去听科伦或巴德鲁[①]的音乐会，也去其他地方听音乐。现在已经不去了，因为我有幽闭恐惧症，端坐在一排座椅中间动弹不得会让我感到害怕。现在我在广播上听音乐。

埃里蓬：您不听唱片？

列维-斯特劳斯：唱片也让我感到焦虑，不是空间上的焦虑，而是时间上的。一想到唱片就在我身边转动，放到结尾了，我得站起来去换唱片……

埃里蓬：我看到您身后有一盒"四联剧[②]"的唱片。

列维-斯特劳斯：不止一盒，有波姆和福特文格勒的。我很少听。

---

① 科伦和巴德鲁都是巴黎的乐团。
② 四联剧，指瓦格纳的《尼伯龙根的指环》，由四部歌剧组成。

埃里蓬：您喜欢歌剧，是因为歌声能打动您？

列维-斯特劳斯：不光是歌声，还有歌声如何组合、如何相互衬托。歌剧中有些重唱让我特别感动，能获得巨大的愉悦：《费德里奥》第一幕里的四重唱、《拉美莫尔的露琪亚》里的六重唱、《纽伦堡的名歌手》里的五重唱，还有《玫瑰骑士》最后一幕里的三重唱。

埃里蓬：您有特别喜欢的歌剧演唱家吗？

列维-斯特劳斯：当然有了，伊丽莎白·施瓦茨科普夫让人倾倒。

埃里蓬：卡拉丝呢？

列维-斯特劳斯：她也是，特别是她唱贝里尼、多尼采蒂和普契尼的时候。我家人不喜欢普契尼，认为他过于真实主义①、浮夸、庸俗等等。我直到后来才体会到他作品中的旋律之独特（普契尼的音乐像理查德·斯特劳斯一样，只需听三小节就知道作曲家是谁），配器之精妙、细腻。不过，我觉得威尔第的音乐无聊透了，只是虚张声势，徒有其表。

埃里蓬：您认为自德彪西之后再没有音乐家，能不能谈谈具体哪个时期以后的音乐您开始无法欣赏？

---

① 真实主义，十九世纪末意大利的文艺流派。

列维-斯特劳斯： 断言德彪西之后没有音乐家未免把时限划得太早。少年时期，我很崇拜斯特拉文斯基，毫无保留地喜欢他的作品。现在的我变得更加挑剔了，但《彼得鲁是卡》《婚礼》《八重奏》依然是我心中的杰作。斯特拉文斯基之后的音乐我也感兴趣，能让我思考，有时甚至音色甜美，让我感到愉悦，但是无法打动我。

尾声

埃里蓬：您的一本文集起名叫《遥远的目光》，这个标题是否表明您想和当今社会保持距离？

列维-斯特劳斯：标题的灵感来自日语，是我在能剧的发明人世阿弥的著作中读到的。世阿弥说，一个好演员要学会像观众看舞台上的演员一样看待自己的表演，他把这称作"遥远的目光"。我觉得"遥远的目光"很能代表人类学家看待自己所处的社会的方式。人类学家要跳出这个社会，以旁观者的眼光，从空间和时间上冷静地审视当今社会。

埃里蓬：您常说：我是十九世纪的人。这是什么意思？

列维-斯特劳斯：我不是唯一这么想的人。几年前，一位年轻的美国同行写了一本关于我的书[①]，认为我继承了象征主义和十九世纪的其他作者。假如有个仙女能一挥魔杖，

[①] 《从象征主义到结构主义，从文学传统解读列维-斯特劳斯》，A·詹姆斯·波恩著，1972年巴西尔·布莱克威尔出版社出版。——原注

把我带回十九世纪,而我又能保留二十世纪的人的心智,我并不会感到太陌生。在十九世纪可以看到大发明的雏形,那时的大部分技术进步并不是为了解决技术造成的问题。

这样的臆想并没有什么意义,我们不能回到过去。就像斯丹达尔在某本书中写的那样,我们可以渴望古希腊重生,但最终获得的可能是像美国一样的国家(我们指的是"现代国家"),而不是伯利克里①生活的时代。回顾古代,今人最敬仰的东西,比如文学和艺术,未必是当时的人们最喜欢的。因为一旦发现了新鲜事物,人们就急着改变:今天的发展中国家就是证据。

相反,路易十五时代,创造了法国装饰艺术瑰宝的匠人,却以讨论达密安②遭受的酷刑为乐,这让我很震惊。这个例子更贴近常人的心态,很有代表性,它说明人类创造精美艺术的能力和残忍的本性并不矛盾。这样的例子并不罕见,甚至有很多。您不得不承认,关于人类的本性还有很多未解答的问题。您也会说,这是人类学的使命。遗憾的是,或者说幸运的是,人类学并不能回答所有的问题。

---

① 伯里克里(公元前494—公元前429),雅典黄金时期领导人。
② 罗贝尔-弗朗索瓦·达密安于1757年试图行刺路易十五,被车裂处死。

两年之后

埃里蓬：现在是1990年6月，距离上一次《亦近，亦远》的采访已有两年。我想就那本书里我们已经谈过的话题，再问您几个问题。从最基本的开始吧！出于好奇，我去看了您在通过教师资格考试前生活的普桑街。您住的是座很漂亮的楼，典型的资产阶级住宅，不是吗？

列维-斯特劳斯：您说得对，楼是用方形石块筑成的，像资产阶级住宅常见的那样，楼梯上铺着地毯，按照当时流行的风格，楼梯间的墙上镶嵌着彩色玻璃，自然采光……我记得"一战"刚结束时，整座楼只有一台电话机，在底楼。门房接电话，再用铃声通知住户。我们住在五楼（从阳台上可以看到摩天轮，现在放摩天轮的地方已经变成了瑞士村），听到铃声后飞速跑下楼梯。接完电话后，还要再爬上五楼。几年后，这座楼被一个从政的投机商人买下了；他涨了房租，装了部电梯，我们家也终于有了自己的电话机。

　　我还记得，住在那里时，每次晚归的时候都得在门房家门口大喊自己的名字，否则门房会跳下床，在楼道里追上我们问个明白。

　　我还回忆起其他的旧事：每年元旦，我们一大家子都去奶奶家（奶奶家客厅的家具全年盖着防尘罩，只有新年才拿下来。看到被克里斯托用布包裹起来的新桥①，我忽然想起了奶奶家客厅平日的样子，当时可没人觉得这很美）。新年那天，我父亲和他的兄弟一起去扫墓，看到有社交往来的人要递上折角的名片②，等等。我觉得，我的童年生活还有十九世纪的影子，我很后悔小时候对种种礼节不上心，甚至不耐烦。今天，这些琐事俨然成为遥远时代的回忆，这样的心态越来越普遍，所以我们到处建博物馆，什么都往里面放，好像我们的社会变得太快，无法判断过去的东西是好是坏，于是就想把自己变成一个收藏馆，唯恐流传给下一代的东西不够全。但谁能预料？或许我们落下的东西正是下一代觉得好的。或许这

---

① 1985年冬，保加利亚裔的美国概念艺术家克里斯托在巴黎塞纳河上的新桥表面蒙了一层布，他的解释是把新桥包装起来，作为圣诞礼物送给巴黎人。

② 十九世纪法国的名片右上角折角。

两种态度都不可取。我们的先人比我们自信,他们从未有过这样的困扰。

* * *

埃里蓬: 我还想追问几个问题,关于政治。我们谈过,您赞赏马克思主义,加入过SFIO(法国工人国际法国支部)。我想知道,您当初为什么没有加入共产党?

列维-斯特劳斯: 既然您问了这个问题,我正好做个澄清,虽然它无关紧要,但已经有两位作者提出来了:让-弗朗索瓦·西里奈利在《知识分子的一代》里[1],和史蒂芬妮·克鲁埃关于"建设性革命"运动(我参加过)的长篇论文里,内容很精彩[2]。两人都对我和乔治·勒弗朗就我何时成为社会主义者意见不一感到费解。事实上,原因很简单。我认识勒弗朗时已经完全认同社会主义的哲学和教条。我读过马克思和其他大思想家的书,但我还在犹豫究竟要不要参政。当时吸引我的是共产

---

[1]《知识分子的一代:一战至二战期间文学预备班和巴黎高师毕业生》,让-弗朗索瓦·西里奈利著,1988年法雅尔出版社出版,第328页。——原注

[2]《建设性革命:三十年代的社会主义知识分子》第2卷,史蒂芬妮·克鲁埃著,1989年2月3日在南希二大通过答辩,第39—40页。——原注

党，因为它代表最纯粹、最坚定的马克思主义。乔治·勒弗朗说服我加入SFIO，所以，就像他说的，是他让我成了社会主义者，但他的意思是我成了"活动分子"，社会党党员。

埃里蓬：我正想问您关于"建设性革命"团体的问题。建设性革命提倡对社会党的意识形态进行大换血，呼吁要更重视工人和工人组织。您很积极地参加了这场运动，是运动宣言书的作者之一。

列维-斯特劳斯：史蒂芬妮·克鲁埃的论文（资料很全）收集了关于这场运动的史实和信息。要不是读她的论文，我已经想不起来了。简单地说，我提过，我开始接触社会主义是受了比利时工人党的影响，被它的雄伟计划所感染：工人党有工会，有人民之家还有合作社，想借此在资本主义社会里打造社会主义社会的雏形。发起"建设性革命"时，我们几个想把比利时工人党的设想发挥到极致，从中总结出理论和教条：假如我们每天都建设富有社会主义精神的机构，它们会日渐壮大，因为社会主义比资本主义优越，就像蛹在资本主义的茧中成长。最终，资本主义的茧会像丧失生命的干壳一样脱落。当然，我们当时完全没有想到现代经济是如此之复杂、强大而有活力。至少我们在努力运用经济学知识，而这次试验虽然没有达到我们预期的目标，也并非一无是处：罗贝尔·马乔林①和皮埃尔·德雷福斯②后来就活跃在国内外经济界。不过，"建设性革命"团体很快就意识到自己的思想过于天真而能力不足，于是很快就解散了。

埃里蓬： 我们提到过，您的第一本"书"，关于格拉克斯·巴贝夫的小册子，是加入社会党后写的。您同时也写了不少文章，都发表在《社会主义学生》期刊上。您署名的有一篇题为《社会主义与殖民化》的文章和一篇关于塞利纳③的文章……

列维-斯特劳斯： 我记得，《社会主义学生》里我的文章是在1928年至1933年发表的，中心论点是所有形式的先锋主义都是各自领域的革命者。同样，我们社会党人也是政治领域的革命者。左派活动分子中有很多人认为立体主义、超现实主义等是资产阶级堕落文化的代表，我不同意他们的意见。读《茫茫黑夜漫游》让我心驰神往。我写这篇长篇大论还有另一个原因，社会党人因为雷昂·都德④喜

---

① 罗贝尔·马乔林（1911—1986），法国经济学家。
② 皮埃尔·德雷福斯（1907—1994），曾任雷诺汽车总裁和法国工业部部长。
③ 路易-费迪南·塞利纳（1894—1961），法国作家，代表作为《茫茫黑夜漫游》。
④ 雷昂·都德（1867—1942），法国作家、记者、政治家，主张复辟法国王朝。

欢这本书，称之为杰作（的确是杰作），就全盘否认它，我觉得有必要阐明我自己的观点。

埃里蓬：现在呢，您依然喜欢塞利纳吗？

列维-斯特劳斯：从那以后我再也没有重读《漫游》。对于《死缓》，我虽也喜欢，但持有保留意见。塞利纳后来写的书里有几本实在是可憎，但还是有精彩的段落。

*
* *

埃里蓬：如果您不介意，我们接着谈政治。安妮·科恩-索拉尔在一本关于萨特的著作中提到，"121宣言"（阿尔及利亚战争期间，认为人有权利反抗）的发起人，包括让·普永在内，对您拒绝在宣言上签字感到非常震惊。您还记得三十年前，您是出于什么样的原因拒绝签字的吗？

列维-斯特劳斯：不只我拒绝签字，梅洛-庞蒂也拒绝了，还有其他人。自己年纪大了，不能参与政治运动，却煽动年轻的活动分子与政府对着干，这样的行为在我看来真是骇人听闻。更何况，我不想向这样混淆概念的行为屈服，作为人类学家，我比别人更有责任不被时局蒙蔽。我们对传统的小型社会很感兴趣。几十年前，这些社会还能凭借偏远地区的地理优势，不受文明的蹂躏；现在，他们别无他求，只想和以前一样，过与世隔绝的生活。我们不能把他们与那些想在国际舞台上与他国平起平坐的民族混为一谈，后者感到自己落后了，想真正成为工业社会的成员。

我们总是无条件地支持民族独立的诉求，因为两个世纪以来，民族主义原则已经成为一股巨大的驱动力，不管是否代表正义。经验证明，占据统治地位的任何一个国家或联邦政权，都无法长期阻挡民族主义的大潮。可民族主义诉求本身并不值得我们欢呼雀跃：国家主权并非正义的化身，这取决于人们如何利用它。我们完全有理由反思，大家相安无事，保持节制，互相对话，而不是互相替代，这样不是更好吗？

埃里蓬：让-弗朗索瓦·西里奈利在《知识分子与法兰西的热血》[①]中说，1958年，您曾在呼吁阿尔及利亚和平的倡议书上签字。签字的还有：弗朗索瓦·莫里亚克、罗杰·马丁·杜·加尔、安德烈·布勒东、让-保尔·萨特、让·考克多、让·罗斯丹……

列维-斯特劳斯：您肯定会觉得我没有诚意，但坦白地说，我真的不记得了。我真的签字了？向社会压力屈服，

[①]《知识分子与法兰西的热血》，让-弗朗索瓦·西里奈利著，1990年法雅尔出版社出版，第199页。——原注

或是一时兴起？现在我也说不清楚了。总之，我的潜意识这么快就把这件事从我的记忆中删除，在我看来，这就说明我对当时做的事并不满意，而且很快就反悔了。

埃里蓬：《亦近，亦远》出版后，有些评论家反对您关于文化相对主义的说法①。他们的观点大致如下：若承认一种文化无法判别另一种文化的高下，那就不能说民主制度比专制制度优越……有意思的是，他们并不知道，他们的观点和共产党人在五十年代批评您的话如出一辙。共产党是这么说的：接受文化相对主义，就无法为建设更美好的社会做斗争。今天有人又拿出这套观点，肯定是忘了您当初是怎么回应批评您的共产党人。您可以把当初说的话原封不动地搬过来用②。

列维-斯特劳斯： 文化和政治制度不能混为一谈。刚才您提到的制度都是在西方文化背景下孕育的，是西方文化的产物。无论我们是否乐意接受，这两种制度都显示了西方文化的潜能。我们属于西方文化，生活在西方文化中，才不得不在民主与专制之间做出选择。我们有办法逃避这样的选择吗？这是我们的历史、信仰和利益强加给我们

---

① 《快报》，吕克·费里著，1988年8月26日，第94—96页。《费加罗版文学专刊》第3版，T.阿兰·芬克尔卡特著，1988年9月20日。——原注
② 《结构人类学》，1958年普隆出版社出版，第366—368页。——原注

的。而我的无法客观地确立一种文化与别的文化的关系，那完全是另一码事。我们用来评判某种文化的标准，要么来自我们的文化，因此缺乏客观性；要么来自另一种文化，而这样是会让自己名誉扫地的。而且要对某种文化做出公允的评价，就不能被任何一种文化所吸引。

当然，除了这些极端情况，还有处在中间地带的情况，虽然这些情况部分受我们自身的影响，但是我们评价与西方社会差别很大的社会的政治制度时，不可能像评价我们自身的社会那样有把握，因为我们出生在这个社会，了解它的走向。

埃里蓬： 但可以反驳您说，民主能为所有社会造福，"人权"也是。您不会在这一点上也有异议吧？

列维-斯特劳斯： 我觉得对这个问题的看法可以借鉴欧几里得的几何法。对我们的神经——感官系统来说，无论是几何问题，还是您说的民主人权，西方文明的视角的确是考虑问题时最能让我们感到自在的基础，甚至是唯一的基础。但是，我们改变问题的规模，把它放到极小或极大，并放在不同的时空——或者，对于您关心的问题，把它放在不同的历史、文化与社会背景下——基本概念就变得模糊了，逐渐丧失了意义，或者意义变得和在我们西方文化背景下完全不同。

埃里蓬：我认为，评论家之所以指责您排斥西方文明，是因为您提倡文化相对主义，有本书甚至说您憎恨西方文明①。读您的著作或与您交谈时，我的印象恰好相反，我感觉您非常重视西方文化。

列维-斯特劳斯：的确，说我排斥西方文明真是可笑。我在西方文明中长大，是西方文明的产物。西方的作家、思想家、音乐家、画家以及语言——比如我说话、阅读、写作用的法语，都是滋养我的营养。我能谈点往事吗？1944年末，我坐美国海军的船回法国。他们先把我们送到英国海岸的卡尔迪夫，我得坐火车去伦敦。在去火车站的路上，我步行穿越卡尔迪夫，走过了狭窄、曲折的小路，路旁是低矮的房屋，多数都破旧不堪。走在这段路上的感想让我难忘：这里是欧洲，在新大陆的南部和北部客居多年后，我终于回家了……

后来，我常常想起，五十年前被西方文明蹂躏的美洲印第安小部落，想起他们的痛苦。我常对自己说，我们要保护美洲印第安人，不让他们受西方文明的侵蚀，刻不容缓。但是，过去的几十年里，西方文明也饱受灾祸。今

---

① 《我们与他者》，茨威坦·托多罗夫著，1989年瑟伊出版社出版，帕斯卡尔·布鲁克内在《新观察家》中撰写此书概述时也持同样观点，1989年1月12日，第88页。——原注

天，我看到的西方文明也受到了威胁，急需有人来捍卫：当然要抵抗来自外界的威胁，但也要警惕来自内部、侵蚀西方文明的威胁。早在二十年前，我受邀参加联合国教科文组织的一次大会时（我们也提到过这次会议），就发表过这样的观点，当时我是这么说的："现代人不正在剥夺自己的生存空间吗？而且我们生活的星球已经变得太小。人类社会某些成员迫害美洲和大洋洲部落，剥夺他们的生活空间，我们难道不是正在重蹈覆辙吗？"我之所以发出这样的警告，并非出自仇恨，而是让西方文明清醒过来，看到在内外条件作用下，它已经陷入怎样的境地。

*　*　*

埃里蓬：您刚才提到战前您曾在南美洲部落住过一段时间。我记得1985年，您在巴西短暂的旅行中，曾尝试回到那些部落。

列维-斯特劳斯：不是我自己尝试着去，而是巴西一份重要刊物提议带我去当地看看，写篇报道，我求之不得，立即答应了。黄昏时分，我们登上了一架不起眼的小飞

---

① 《遥远的目光》，1983年普隆出版社出版，第44页。——原注

机。除了飞行员以外，飞机上一共有四个乘客：我妻子、一位巴西同行、一个记者，还有我。我们先降落在波洛洛族人聚居地边缘的一个小村落。飞行员根本就不知道印第安人聚居的村落在哪里，他让一个本地人上了飞机，那人说可以凭肉眼给他指路。然后，我们在低空毫无头绪地飞了一阵子，终于看到了一个波洛洛人聚居的村庄，有波洛洛族典型的环形住宅。村落不远处有块方形荒地，可以让飞机降落。超低空飞行几圈后，飞行员说，降落没问题，可是想回去就困难了：空地太小了，飞机无法起飞。我们又飞到另一个村落，还是老问题，结果不得不回巴西利亚。回程时，飞机穿过黑压压的云层，随时会被雷击中，险象环生。

回想起来，这是我距离死亡最近的一次冒险。五十年前，还是在同样的地方，我骑车、坐独木舟或走路都没经历过这样的险境……一着陆，我们就匆匆忙忙——今天的巴西人也这么来去匆匆，我妻子换上晚礼服，我换上男士礼服，就去参加为庆祝法国总统对巴西进行国事访问而举行的晚宴。

*
* *

埃里蓬：现在，我想离开政治领域，谈谈您对大自然的热爱。您在勃艮第和香槟交界的地方有座别墅，经常去那里小住。那一带很美，您在《亦近，亦远》的前几章中提到，您喜欢欣赏自然风景。您在乡间一住就是几个月，是为了欣赏美？为了一饱眼福？

列维–斯特劳斯：看风景，饱眼福很重要。一年中总有些时光无与伦比的美妙：冬去春来时（在我乡下的别墅，春天要比巴黎晚来一个月，因为朗格勒高原的气候偏冷），大自然的景色每天都不同，有时天晴时，每小时的景色都不同……稍加留意，每一棵植物、每一片叶子、每一朵花，都是一幅叹为观止的杰作。

埃里蓬：这是您生活中最不为公众所知的一部分：长时间漫步林中，一整个下午都在采蘑菇、研究植物……

列维–斯特劳斯：我们刚才说到，西方文明受到威胁。在我看来，最主要的原因是人口爆炸。有人说，别担心，人口增长速度已经放慢，很快就会停止增长，甚至可能会出现负增长。尽管如此，在未来的十年或二十年内，按照现在的趋势，世界人口会再翻一番。人口爆炸的灾难会影响全人类，但西方国家和日本最冤枉，因为他们都没有责任（除非是间接责任，因为我们把医学传播到了世界各地）。

所以您会理解，我和妻子能够在这个每平方公里常住人口只有九人的村庄（希望数据没错）每年待好几个月是多么幸运。由于人口少，风景还是旧时模样，大片林地多年无人经营，几乎是一片野地。我们去林中冒险，自己开路，有时简直感觉自己置身于亚马逊的雨林中，虽然植被没有那么茂密，可听听名字——山茱萸、鼠李、野生樱桃木、花楸树——就让人回想起高卢时代。

只要放眼望去，就能在一片野生的草地里发现神秘之物，就像身处遥远的异国。对于植物学爱好者来说，每株植物、每棵草都是一个谜题，一连琢磨几个小时也不会感到厌倦，最好还能参阅古老的植物学著作。我在乡间别墅里有一部十九世纪初的自然科学字典，共有七十二卷，这不正是我睡前最想读的书吗！白天也读得津津有味。

刚才您提到，我喜欢采蘑菇。其实采蘑菇的乐趣不在于吃，就像我去德鲁奥拍卖行不是为了买古董。无论是蘑菇还是古董，最让我乐在其中的是识别、欣赏眼前的珍奇，有时要下一番苦功夫才能认出某种蘑菇或某件古董。在树林中观赏蘑菇，它们真美啊，每种蘑菇都自成一派，像艺术品一样，每件都不同。

埃里蓬：您的确是德鲁奥拍卖会的常客，而且您喜欢在古董店和画廊"淘宝"……

列维–斯特劳斯：我每周去德鲁奥逛两三次，草草看一眼展览。过去在那里买了不少东西，在旧货商店里也买了不少……现在基本不买了。还记得"邦斯舅舅"吧？他像"高明的收藏家舍纳瓦尔"，只爱看价格在五十法郎之内的画作，否则，连大师之作都不觉得好看……这并不是因为他吝啬，而是因为低价买到的才算是淘到了宝贝。而当我们的世界越来越封闭时，美洲还有大片自由的天地。现在已经做不到了，因为艺术史五年就是一个时期，每个时期都有自己的专家。

但我对物件有着深沉的爱，尤其是像德鲁奥那样，物件的摆放杂乱无章（也乱不了多久了）。有些是旧相识，我看一眼就知道时代和风格；另一些则让我绞尽脑汁，还有一些填补了之前我没发现的知识空白，让我获得了巨大的满足感。物件是独立的存在，它本身的存在就富有意义，而不是因为（或者说不是主要因为）它们具有某种实用价值。

恋物（我自幼就是十足的恋物主义者）的本质，是万物有灵主义在现代社会的体现。恋物赋予人类创造的许多物件以神圣的意义，就像日本神道给许多生命和事物赋予神圣的意义，只不过后者都是大自然创造的。过去，人们在"奇珍箱"里收集矿石、贝壳、蝴蝶、动植物标本,不正是恋物和神道的结合吗?因为人们认为大自然的产物之美与奇特不亚于甚至超过人类创作的工艺品。

埃里蓬:总的来说,您很喜欢各类物件,而对珠宝更是情有独钟。

列维-斯特劳斯:凯卢瓦之所以愿意与我亲近(虽然我俩有过节,我们已经说过),是因为(这是他亲口告诉我的)我在一篇访谈中提到怀勒的电影The Collector①时说,和电影的主题恰恰相反,比起收集现代油画的模仿品,收集真实的物件(比如蝴蝶标本)或者自然的尤物(比如美人),趣味更加健康②。凯卢瓦起初收集蝴蝶,后来收集石头。若喜欢大自然,就无法抑制对自然的爱,一是爱自然之转瞬即逝,如花与叶;二是爱自然之亘古不变,如矿石。二者一样完美。

除了德鲁奥外,我最喜欢打发时间的地方就是罗浮宫地下室的古董商店,有好多家卖二手珠宝。这里的珠宝不像旺多姆广场③的高级珠宝那么贵(也不便宜),可来源五

---

① The Collector,中文译名《蝴蝶春梦》,1965年上映,导演威廉·怀勒。
② 《结构人类学》第二卷,1958年普隆出版社出版,第328页。——原注
③ 旺多姆广场,巴黎一区著名的广场,有梵克雅宝、卡地亚、尚美等顶级珠宝店。

花八门，更能给我淘宝的乐趣。就像被海浪冲到沙滩上的小石子、贝壳和浮木。个人经历或是家族的兴衰使这些珠宝最终来到了古董店，珠宝的年代和品质不一，从十七世纪到二十世纪的都有（多数是十九世纪的，因为十九世纪的珠宝工艺融汇了历代的精华），而且来自世界各地，可以在店里赏玩珠宝，神游多时。吸引我的既不是硕大的宝石也不是宝石完美的成色，而是用珠宝匠的术语来说是经过"霜冻"或"园艺栽培"的宝石，表面有细微的瑕疵，可以窥见产地土壤的特质。通过珠宝镶嵌、金银雕琢的工艺，可以看出珠宝原先的主人的社会阶层（有些是乡下人的珠宝，有些是资产阶级的，风格或传统或新奇），重温现代史或当代史的某个时期，品味某种风格……珠宝易赏玩，可以佩戴，是自然与人和谐相处的缩影，集合了匠人的手艺和自然的鬼斧神工；它既恒久又脆弱，而且高价让常人对珠宝望而生畏，看到珠宝就想起有光晕环绕的神秘世界。

*
* *

埃里蓬：最后，我想问问您新书的进展。在《亦近，亦远》的访谈中，我问过您《嫉妒的女陶工》的续篇写到哪里了。您回答说,已经不想写了。但后来您又动笔了,我想差不多基本写完了吧?

列维-斯特劳斯: 是的! 我们的访谈结束后,我又下定决心写。或许是因为您问了我写到哪里,提醒我该写下去了。写这本书大概需要两年,假如在这两年里,我没有每天忙着奋笔疾书,一直闲着,我肯定会茫然不知所措。据我所知,这本书应该在1991年出版。不幸的是,我年纪大了,总感到不耐烦,已经丧失了开创新事业的能力和乐趣,所以新书篇幅不长。读者可能会觉得这本书晦涩且让人摸不着头脑,因为它的思路天马行空,我懒得解释为什么如此安排。我在书中先做了很技术性的分析,这部分内容原本可以写进《神话学》;接下来,我把印第安人的神话和法国民间故事做比较,再谈谈我对蒙田的一些看法;最后,我做出了大胆的猜想(希望《瓦雷纳的灰袍黑僧》①的作者赞同我的想法),和杜梅泽尔晚年的想法很契合,而我也步入了生命中最后的几年……

---

① 《瓦雷纳的灰袍黑僧》,杜梅泽尔的著作。

译后记

克洛德·列维-斯特劳斯（1908—2009）是法国当代最负盛名的思想家之一，也是第一位入选法兰西学院和法兰西学术院的人类学家。他的人类学著作对于法国，乃至整个西方社会都有着深远的影响。但要读懂他的作品并不容易，如果对很多人来说，Levi-Strauss这个名字首先是美国的牛仔裤品牌（对此，列维-斯特劳斯本人也不避讳，他在本书中谈到了同名引发的趣事），那在阅读他严肃的学术著作之前，本书是走进列维-斯特劳斯世界的首选。

列维-斯特劳斯1908年出生于布鲁塞尔，父亲是画家，母亲来自注重女孩教育的犹太家庭。他自称成长于"书香之家"，家中可谓"往来无白丁"，从小在艺术的熏陶下成长。虽然他在大学主修法律，但在1931年，年仅23岁的列维-斯特劳斯就通过了哲学教师资格考试——在法国教育体系中，这是非常难获得的一项资历，波伏瓦、萨特等文化名人都以此为豪。然而哲学并没有成为列维-斯特劳斯心灵的归宿，1934年，他参加了法国高校支教团，远赴巴西圣保罗大学任教。正是在美洲，列维-斯特劳斯发现了人类学这一当时尚属新兴学科的领域，不仅开始接触美国人类学家的著作，还亲身前往马托格罗索州和亚马逊流域考察原始部落，写下《南比瓦克人的家庭与社会生活》，后来收入他的博士论文。

1939年，列维-斯特劳斯回到法国，应征入伍，很快因维希政府的反犹政策受到排挤，无奈之下，只好远赴美国任教。在新大陆，列维-斯特劳斯结交了诸如鲍亚士等人类学的先驱，还因认识了美国语言学家雅各布森而与结构主义结下不解之缘。事实上，列维-斯特劳斯最大的贡献之一，就是将结构主义与人类学研究相结合。何谓结构主义？即从元素之间的关联，而不是从单独的某个元素中寻找意义。由此，就能从一个食谱、一首歌、一个神话里阅读出某个民族的精神气质。

列维-斯特劳斯尤其注重神话的意义，大量收集美洲的神话，在脑中反复回味看似毫无逻辑，甚至荒谬的神话情节，直至灵感迸发。在一个神话中看似无法解释的某个细节，在另一个神话中出现，只不过形式不同，由此就能合二为一。在洋洋洒洒的四卷《神话学》中，列维-斯特劳斯横跨南美和北美大陆，从各部落的神话比较中总结出玫瑰线型的范式：如层层玫瑰花瓣围绕花蕊生长，各文明的神话环环相扣，地缘上相隔甚远的部落，在思想上却颇为相近。他的神话研究超出了人类学和文学的范畴，对于至今尚未定论的人类起源——究竟是多地起源还是一地起源，亦有启示。

人类学学科的兴起最初带有殖民主义的污点，回顾20世纪初许多西方探险家打着"人类学"的旗号拍摄的图像和影片便可略知一二。最初的"人类学"是西方人像观察动物世界一样猎奇地窥视非西方文明，而列维-斯特劳斯的思想为人类学学科洗刷殖民主义的"原罪"做出了杰出贡献。他一开始就认为，文明没有高下之分，不能以西方社会的价值妄议其他文明的优劣。在他看来，人类的思维如同万花筒，里面装的彩色塑料片是有限的，因此形成的图案看似千变万化，实质上则是相同元素组成的不同变式。写完《原始人的心智》后，他还提出，原始人的思维和现代人的思维，其唯一区别就是所追求的目的。换言之，今天研究大数据、人工智能的科学家和工程师们使用的依然是原始人的大脑。

他不仅在著作中主张文明平等，也在现实中亲历践行。客居美国多年后，他于1947年回到巴黎，在人类博物馆就职之后又去今天的法国高等社会研究学院任教。他教授的一门课程叫做"未开化民族的宗教"。在讲非洲某民族的风俗时，一个黑人学生站起来说："我就是这个民族的，我不赞成您的解读。"随后列维-斯特劳斯就把课程的名称改成"没有文字的民族的宗教"。因为"未开化"是价值判断，而"没有书写文字"则是事实。同时，列维-斯特劳斯也致力于让人类学成为严谨的科学。他在《亲属结构的基本关系》一书（也是他获得博士学位的主论文）中提出，可利用数学范式来表现通过通婚和血缘形成的错综复杂的亲属关系。

在网络时代，阅读碎片化现象越来越严重。在这种情况下，阅读克洛德·列维-斯特劳斯具有特别重要的意义。一是因为他的思想仍有现实意义，在法国当代社会，如何处理不同文化背景、不同种族、不同宗教的社群之间的关系，依然是热点话题。2008年，时任法国总统萨科齐还特意为此拜访了列维-斯特劳斯。一年后，列维-斯特劳斯组织了一场关于"法国国民身份"的辩论，讨论什么样的人才算法国人。在全球范围内民粹主义抬头的当下，关于种族和文明优劣性的极端言论又死灰复燃，阅读列维-斯特劳斯能为理解时局增添几分理性的思考。

二是因为这位学界巨擘是个"有趣的灵魂"，在访谈中，列维-斯特劳斯率性而言，每每语出惊人——若他去世前社交网络已达到今天的发达程度，列维-斯特劳斯想必能吸引众多拥趸。本书是他对自己一生的回顾和总结，也是对自己所有思想、学说和著作的梳理，既能看到他年轻时的迷惘和对事业的追求，也能看到他对历史事件和社会百态的思考。可以说，这是了解列维-斯特劳斯其人其书及其理论的向导和入门。

译者
2017年7月，巴黎